Winning Her Business
How to Transform the Customer Experience for
the World's Most Powerful Consumers

她生意

如何精准吸引女性顾客

[美] 布丽姬特·布伦南（Bridget Brennan） 著
张建威 译

电子工业出版社
Publishing House of Electronics Industry
北京·BEIJING

WINNING HER BUSINESS: HOW TO TRANSFORM THE CUSTOMER EXPERIENCE FOR THE WORLD'S MOST POWERFUL CONSUMERS
By BRIDGET BRENNAN
Copyright©2019 by BRIDGET BRENNAN
This edition arranged with HarperCollins Leadership
Through BIG APPLE AGENCY, INC., LABUAN, MALAYSIA.
Simplified Chinese edition copyright©2020 Publishing House of Electronics Industry Co., Ltd.
All rights reserved.

本书中文简体字版授予电子工业出版社独家出版发行。未经书面许可，不得以任何方式抄袭、复制或节录本书中的任何内容。

版权贸易合同登记号 图字：01-2019-4183

图书在版编目（CIP）数据

她生意：如何精准吸引女性顾客 ／（美）布丽姬特·布伦南 (Bridget Brennan) 著；张建威译 . — 北京：电子工业出版社，2020.1
书名原文：Winning Her Business: How to transform the customer experience for the world's most powerful consumers
ISBN 978-7-121-37271-1

Ⅰ.①她… Ⅱ.①布… ②张… Ⅲ.①女性—消费者行为论—通俗读物 ②女性—消费心理学—通俗读物 Ⅳ.① F713.55-49

中国版本图书馆 CIP 数据核字（2019）第 262443 号

策划编辑：张振宇
责任编辑：张振宇
特约编辑：蒋红燕
印　　刷：保定市中画美凯印刷有限公司
装　　订：保定市中画美凯印刷有限公司
出版发行：电子工业出版社
　　　　　北京市海淀区万寿路 173 信箱　　邮编：100036
开　　本：720×1000　1/16　印张：14.25　字数：290 千字
版　　次：2020 年 1 月第 1 版
印　　次：2021 年 4 月第 3 次印刷
定　　价：68.00 元

凡所购买电子工业出版社图书有缺损问题，请向购买书店调换。若书店售缺，请与本社发行部联系，联系及邮购电话：（010）88254888，88258888。
质量投诉请发邮件至 zlts@phei.com.cn，盗版侵权举报请发邮件至 dbqq@phei.com.cn。
本书咨询联系方式：（010）88254210，influence@phei.com.cn，微信号：yingxianglibook。

献给埃里克（Erik），一切尽在不言中。

作者简介

布丽姬特·布伦南，专门为女性消费者服务的世界顶级女性消费顾问公司——女性因素（Female Factor）的首席执行官。在把女性作为消费者和决策者的研究领域里，她是当仁不让的专业意见领袖。著有《她为什么要买：与世界最有实力客户群打交道的新策略》（*Why She Buys: The New Strategy for Reaching the World's Most Powerful Consumers*）（皇冠出版社，2011）一书。

作为福布斯网站（Forbes.com）撰稿人，布丽姬特·布伦南在其职业生涯中，对数以千计女性的消费习惯和偏好进行过深入研究，为众多财富500强公司的发展战略提供过业务咨询，被远程社会智库（Remodista）称为"零售业的女性风向标"。同时，她还是美国国家橄榄球联赛明尼苏达海盗队女性顾问委员会成员；经常作为主讲嘉宾应邀到美国各大学做客。

布丽姬特·布伦南所执掌的女性因素公司设有营销培训项目，赢得了全美各大公司的如潮好评。布丽姬特·布伦南的公司总部在芝加哥，但是她却一直活跃在世界专业研讨和行业会议的舞台上。有关布丽姬特·布伦南的详情，可登录 www.bridgetbrennan.com 网站查询。

精彩书评

"布丽姬特·布伦南是女性消费圈中一面指引方向的靓丽旗帜。在《她生意》这本书里,布伦南赋予了广大读者超值洞察力,进而能够纵横捭阖,在台前幕后做好女人的生意。"

——百事公司董事长 卢英德

"在今天这个飞速发展的新时代,想念好女人这本生意经,便利、选择、价格、人际互动等都是需要拿捏到位的消费体验要素。布伦南的四驱营销法®堪称应对变化和挑战的智能、实用的路线图。任何行业在面对女性客户群这一世界上最大的成长型市场时,只要一书在手,便可稳操胜券。"

——谷歌公司零售总监 汤姆·巴特利

"当美妙难忘的消费体验成为人们普遍预期的时候,布丽姬特·布伦南的这本力作便正中下怀。她的研究和洞见,在为世界上最大的消费人群——女人——量身定制消费体验方面,能够起到指点乾坤的作用!她的论述逻辑缜密,直观、可操作,对男性和女性都有参考价值。为了让自己的企业成为现代经济中的弄潮儿,这本书应当成为大佬们的必读书。"

——雷克萨斯客户服务副总裁　佩吉·特纳

"布丽姬特·布伦南让我们见证了引人瞩目的现实和潜力无比的商机。布伦南的这本新作目光独到,又超级实用。对有志于提升客户消费体验、寻觅潜在商机的人来讲,它应当成为案头必备。"

——雀巢公司美洲区执行副总裁兼首席执行官　劳伦特·弗雷勒

"就商界领袖而言,《她生意》这本书能赋予你灵感,让你在营造客户体验、商场立足、与新客户建立密切联系方面有所突破,有所作为。书中的远见卓识俯拾皆是,特别是布伦南四驱营销法®,称得上是能撬动任何行业、各个领域、男性女性的魔幻杠杆。"

——美国职业高尔夫球协会业务部高级主任　桑迪·克罗斯

"就对女性消费者熟悉程度而言，布丽姬特·布伦南拔得头筹。在《她生意》这本书中，她向读者介绍了如何让女性消费者全情投入、为她们改善消费体验的高招。如果你想在做好女性生意上一试身手，那这本书就是为你写的。"

——美国西北大学凯洛格管理学院市场营销系主任、教授

弗洛里安·策特尔迈尔

"女人如何拉动消费、她们怎样看待购物，《她生意》这本书为你提供了一个入木三分的视角。这本书笔触轻松，实用性强，内容以点带面，对当代销售领军者和客服精英们来讲，不啻一部宝典。关注女人的消费习惯和视角，是全世界商界面临的重大课题和挑战，特别是在全球数字化时代扑面而来的今天。"

——埃森哲公司非洲、中东、亚太地区高级常务董事　法比奥·瓦瑟卡

"如果你做的生意和女性息息相关，那就一定得看看这本书。布丽姬特·布伦南不单单坐而论道，介绍怎样和女性建立联接的方法，而且还现身说法，条分缕析，对你的生意产生积极的影响。"

——锐步公司全球业务总监　印加·斯坦达

"女性帮助推动了雪板业的发展和生活方式的变革。布伦南向我们展示了商场上获胜的关键在于包容性。拿出一个小时来看看这本书,感受自己的客户沟通技巧见长吧。"

——伯顿滑雪板公司美洲区高级副总裁兼总经理 艾丽莎·沃尔克

"布伦南用精准到位的语言,建议读者朋友们带上灵感、自信和对时间的珍视去做女性的生意。"

——品趣志图片社交分享网站传媒总监 克里斯汀·维尔·西尔莫

"布丽姬特·布伦南的观点非常明确:把心思花在女性消费者身上,女性消费者就会回馈给你更大的花销。如果想要把自己的生意越做越大,布伦南的见解、理解客户的策略和最佳实战技巧都是不可或缺的。"

——美国赫兹汽车租赁公司品牌部主任 卡尔文·菲尔兹

目录
CONTENTS

导言···001
　◎ 性别··005
　◎ 这不是一个女性问题——这是一个战略性问题·················006

第一章　最大的成长型市场就在眼前·································009
　◎ 欢迎利用女性倍增效应··013
　◎ 经济缩影···015

第二章　如今的销售看起来像什么····································021
　◎ 销售：变与不变··027

第三章　四驱营销法··031
　◎ 四驱营销法··035
　◎ 把四驱营销法用到你的销售中·····································040

第四章　第一个驱动：联系
　　　　　与消费者建立情感链接·······································051
　　掌握情感链接的精髓。每次都要有眼神交流，借此表达友好欢迎之情；不要开口就谈价，问一些可以打破僵局的问题，尽可能体现热情好客；对初次光顾的新消费者要加倍服务好，不要只是欢迎光临，还要欢迎回来；找一种便捷的链接方式，到消费者和潜在客户的商业档案中去寻找关联；让消费者们知道你期待和他们见面，刻意问一些探索性问题，着眼未来；在B2B环境中给消费者一个先发言的机会，学会感同身受，多问，别猜，问问消费者讨厌什么，巧妙地答对多个客户，要善待孩子和陪伴他们的大人。

　◎ 画蛇添足式的赞美··053
　◎ 过度分享，口无遮拦···054
　◎ "没问题"的坏听众···055
　◎ 做一下"拿不准"的测验··058

001

她生意
如何精准吸引女性顾客

◎ 掌握情感链接的精髓 ·················· 062

第五章　第二个驱动：鼓励
　　　　鼓励消费者和你做生意 ·················· 083

不要只想到销售，还要培训；通过介绍流行趋势和畅销品种来促销，把隐形的产品属性指出来，让它的价值凸显出来；要调动各种感觉，女人购物时，视觉、嗅觉、味觉、触觉、听觉全能派上用场；亲自动手演示，给产品一个鼓舞人心的名字，创造能够激发情感投入的体验；展示你的企业如何让世界更美好，讲述快乐的客户故事，鼓励评论。

◎ 掌握营销鼓励的精髓 ·················· 087
◎ 激励顾客有助于杜绝"展厅现象" ·················· 100
◎ 提防那些令人扫兴的东西 ·················· 101
◎ 梦想、设计、门店 ·················· 103

第六章　第三个驱动：信心
　　　　让消费者对你和你的产品有信心 ·················· 107

掌握消费信心的精髓。要对选项数量有所控制，快速跟进；明白女性如何定义价值，为女性选备好关键问题，让她们问问自己；问问消费者有什么顾虑；让你背后的资源和团队成员闪亮登场；了解你的竞争对手；通过提及交换条件来提高你的可信度；让消费者看到你如何善待他人，把自己的错误处理好，让消费者对未来充满信心。

◎ 掌握消费信心的精髓 ·················· 113

第七章　第四个驱动：感激
　　　　让消费者感到卖家对她们心存感激 ·················· 131

让消费者感到卖家对她们心存感激。掌握感激的精髓，要不停地说"谢谢"，消费者付款时请全神贯注，根本没有假买主，要对她们的感兴趣表示感谢；如果有消费者在你的店里有大宗消费，你需要应当跟进，向消费者表明你对她的在意；向消费者表明你还记得以前和她的谈话内容，给她一个再来的理由。

◎ 预测客户需求 ·················· 134
◎ 掌握感激的精髓 ·················· 135

第八章　驱动女性购物模式的大趋势
　　　　让消费者喜出望外的路线图 ·················· 149

◎ 趋势一：责任加倍，时间减半 ·················· 152

目录

◎趋势二：小我效应 ·· 158
◎趋势三：用视觉讲故事 ·· 164
◎趋势四：健康是一种生活方式 ································ 167
◎趋势五："花甲"重新"不惑" ································ 172
◎趋势六：个性化——"我是自己的品牌" ················ 179

第九章　周一行动计划 ·· 185

◎行动一：制定基准和目标 ······································ 188
◎行动二：更深入地了解现有客户的反馈意见 ············ 188
◎行动三：好好听听客户在社交媒体上都说些什么 ······ 189
◎行动四：多用行之有效的高招 ······························· 189
◎行动五：亲自调查研究 ·· 189
◎行动六：对面向客户的营销材料和实体空间做出评估 ··· 190
◎行动七：训练你的团队，注重兼收并蓄 ··················· 190
◎行动八：屡败屡战 ·· 191
◎行动九：评估行动 ·· 192
◎行动十：顾及女性消费群的体验是一项长期的战略任务 ··· 192

鸣谢 ·· 195
激活思路 ··· 197
注释 ·· 205

导 言

新泽西州大西洋城。那天冷飕飕的，淫雨霏霏。出差来这儿参加会议的我，利用会议间隙出来透口气，在木栈道上漫无目的地逛着。眼帘里映入一连串空荡荡的店铺，门可罗雀，令人直为店主感到担忧。在每况愈下的零售商圈里，他们可怎么混上饭吃啊？

我随意走进了一家小店，想买点纪念品带回家。里面只有一名店员，离我仅有几步之遥。他斜靠在柜台旁，眼神像粘在了电话上，压根儿就没理我。你能想象出来当时我是多么惊讶吗？店里除了他就是我，再没别人了。我以为见到有生意送上门来他会欣喜若狂呢，可是我想错了，他连看都没看我一眼。

时间在一分一秒地流逝，我禁不住琢磨起来：还得多长时间这家伙才能注意到我的存在呀？这家店小得局促，沉默令人感到很难堪。几分钟后，我投降了，两手空空地走了出去，心里感到很不是滋味儿，内心深处有个声音忍不住在喊：嘿，我进店就是给你面子好不好？！随后，我回到了会场完成这次应邀要做的讲座，讲座主题正是"如何营造美妙的消费体验"。

这种巧合真是讽刺。不过,我在那家店的经历还算不上太夸张。糟糕的服务无处不在,在不同层次的消费中都能遇到,没有哪个行业能独善其身。然而,许多人似乎还是没意识到他们的服务与消费者购物决策之间的关联,他们把吃奶的劲儿都使了出来,想要觅得做好生意的高招,却常常忽视了一个最显而易见的策略:对那些愿意抽时间在你们那儿消费、还为你们公司大做免费广告的人,要让他们有满意的消费体验。

地球人都知道?是的!大家不都这么做吗?不是!你随便问一位女士就知道了。

女性是大多数消费体验的受用端,她们控制着世界上大多数的支出和开销。据估计,如果将购买力和影响力两者全都考虑在内的话,仅在美国,女性就把消费性开支推高了70%~80%[1]。由此可见,做好她们的生意是在现代商场上独占先机的关键。不过,大多数的营销培训项目都对一个简单问题置若罔闻:买家是男的还是女的?这既是一个盲点,又是一个机会。说其是盲点,是因为对女性的刻板印象仍是主流,这足以让营销这条小船在阴沟里倾覆;称其是机会,是因为对女性视角的透彻理解,对任何一名营销人员来讲都无疑是一个竞争优势。

男人和女人看营销互动的角度不同。作为一名女性购买决策的研究者,我经常能听到一些恶劣营销体验的事例。而正是这些体验,让女性消费者避之不及,购买产品或服务就更无从谈起了。许多女士称:

导 言

- 仅仅因为性别原因而受到了怠慢；
- 对方以貌取人，可对男人却从不纠结外表；
- 当和男朋友或男同事一起去购物时，本人受到轻视、忽视或低估。

最后一种情况司空见惯，遇到这种事儿的女性数不胜数。她们纷纷跟我说，和男朋友出去购物时，即便告诉店员东西是给她买的，还是受到冷落，店员甚至对她们不屑一顾。漫不经心的性别歧视不胜枚举（"告诉你老公他应当给你买条项链"）；无意识的偏见和成见也是不一而足（"女人也要开手动挡的车？我简直惊到了。没弄错吧？"）。与消费者进行互动时，发生在女人身上的各种各样的事，在男人看来简直都是不可思议的。下面咱们一起来看看蕾切尔（Rachel）女士的经历。今年二十几岁的她，是一家大品牌酒店的忠实消费者。不过，一次出差的时候，由于遇到了非常懊恼的事儿，使她对这个品牌酒店的忠诚度大打折扣。

"我和我老板（年长男性）在迈阿密一家酒店前台排队，等着办理入住手续。"蕾切尔说，"这家酒店规模不小，是一家知名的连锁酒店。我们正排队时，酒店的一名经理走过来看了看我，又回头看了看我老板，然后说：'你们二位的房间还没整理出来，但是有另一间房可以入住，只能用一个小时。'说完，他还故意挤了挤眼睛。我刚参加工作没多久，眼见有人把我当成老板的情人，感到羞愧难当。"

蕾切尔遇到的这件事不是多年以前发生的，它就发生在今天，发生在一个受过良好教育、薪酬丰厚、经常见诸媒体（换句话说，闻名遐迩）的豪华酒店高管身上。丢了她这单生意，辱没了她的忠诚，这家酒店并不在乎，因为他们不差钱。

在B2B商务圈里，情况也没什么改观。常能听到很多女性高管们抱怨，办公室里向她们推销产品的男推销员误将她们当成小助理，呼来唤去地让她们咖啡、茶点伺候。面对这些男推销员的颐指气使，她们往往耸耸肩膀不去计较，这类事情她们见得太多了，但是却不会忘记。所以，很多女性见到销售人员时立刻就有了防范之心。不奇怪了吧？

就像为了保持良好的工作状态需要不断更新软件一样，我们也必须持续更新我们的客户体验以维系正常的客户关系。在由女性主宰的消费经济里，我们需要有新的思路和做法。过去，销售策略的重点是男人向男人的推销，而如今，销售不再是征服和战斗，也不是无视你的存在，就像我在大西洋城不期而遇的那个店员一样，重要的是激励人们去买你的产品。对女性消费者了如指掌，就是你注定能淘到的第一桶金。既然她们构成了世界上最大的消费市场，你就得对她们的视角、人生阅历、沟通方式有更为深刻的了解。本书中涉及的许多策略同样也会帮助你改善男性消费体验。念好女人的生意经并不意味着把男人拒之门外，而是旨在消除固有成见，提升消费体验。

这些理念即便讲给千禧一代（1980—2000年间出生的人）和Z一代（2000年后出生的人）的男女两性消费者们听，也是超前一步的，因为许多与女性有关联的价值观——比方说愿意从为世界更美好做出过贡献的公司购买产品——如今已在年轻一代的身上体现了出来。

女性的需求促使职场上的男性发生了改变（例如，产假正在迅速转变成育婴假，这样男性也就可以利用这个假期了），女性还正以同样的方式推动着年轻一代欣赏和热切期盼的消费市场的变化，实践经验证明：如果你想了解市场上的风吹草动，跟着女人走就是了。她们才是市场潮流和趋势的风向标。

◎ 性别

人们在探讨营销和消费体验的时候，不太常提及性别（Gender）这个话题。因此，请允许我花点时间，把我们将如何去讨论性别这个问题讲清楚。所有的女人，以及男人，都是由个体组成的，并且也应当把他们当作个体来看待。女人互不相同，就像男人互有差异一样。然而，我们每个个体都出生在同一个把两性视作"文化"的社会里，即男性文化和女性文化。我们在其中浸润、成长的性别文化，影响着我们的社交方式和行为模式，以及人们之间的沟通方式[2]。女性文化的有些方面会对置身营销互动中的女性感知产生影响。本书内容就是以这些方面为基础，对一些趋势性的东西，而非放之四海而皆准的绝对真理，进行了阐释。

我们把性别文化做下面一个类比：假设你打算去意大利度假，想利用这次机会对意大利文化有一个全面的了解。你研究了意大利的历史和现代；背熟了一些意大利语旅游常用词汇；入乡随俗地了解了当地给小费和打的士的做法。虽然花了许多心思去做准备工作，但你觉得非常高兴，因为你清楚，这些准备将极大地丰富你在意大利度假期间的体验。可是，当飞机降落在罗马机场时，你是不会指望每个意大利人的举止言谈都如出一辙的，毕竟意大利有六千多万人口。尽管如此，你在家时的准备工作还是让你做到了胸有成竹、轻松、自信，最重要的是成功地和当地人进行了沟通。本书的写作宗旨和出发点就在于此。它就现代女性文化的状况为你指点迷津，进而帮助你让女性消费者有额外的收获。在此需要强调的是：每一位消费者首先都是个体，应当把她们当作个体来对待。

同时，我还要说明我使用的关键词语，以便实现信息对称。我用"专业营销人士"（Sales Professional）这个词语，来表示所有把为消费者服务作为谋生手段的人。我注意到，在现实生活中，很少有人使用这样的称呼。然而，无论你是管理一个营销团队、经营一个观光牧场，还是参与零售或给自己当老板，你的成功都离不开肯花钱购买你的产品或服务的消费者们。因此，从这个意义上讲，我们都算是专业营销人士。

为了简单起见，我用"消费者"（Customer）这个词指代女性消费者这个群体，尽管由于行业的差异，各自都有各自的称谓，比如客人、患者、客户、社区人员、粉丝等。

◎ 这不是一个女性问题——这是一个战略性问题

既然这些关键词都讲清楚了，那咱们现在来说说讨论的基础。人们常常把女性买家所带来的经济机会看作"女性问题"，而不是

导　言

商业问题。这是一个错误认识。我看到过很多公司和专业营销人士，因为这样去思考问题而把自身的发展潜能给束缚住了。例如，为庆祝国际妇女节而主办活动是值得赞赏，也是非常重要的事情，但这些活动并不能取代长期发展战略，需要把眼光放得更加长远。本书讨论的方法，就是用来帮助你实现长期发展战略。你会在书中看到：

- 提升消费者情感参与度的实用策略；
- 打造吸引女性消费者消费体验的四驱营销法；
- 千万不能掉进去的沟通"陷阱"；
- 品牌产品、商界翘楚、专业营销人士的成功案例；
- 驱动女性购买模式的趋势路线图；
- 每章后面帮助刺激业绩增长的练习（汇总在"激活思路"章节中）；
- 周一行动计划为你打造了业务发展的长期战略。

念好女人的生意经，关键在于营造包容性（Inclusive）消费体验，将操控着大部分购买行为的女性消费者的想法和观点兼收并蓄。虽然我们的世界在发生着日新月异的变化，但有一点亘古未变：女性对消费支出的把控。单单这一事实，就足以为你拨云见日，让你赢得未来商机。因此，在我们即将开始下面讨论的时候，请记住，这不是一个简单的女性问题，这是一个宏大的战略性问题。请跟我来吧。

第一章

最大的成长型市场就在眼前

她生意
如何精准吸引女性顾客

第一章
最大的成长型市场就在眼前

如果让你说出世界上最具成长潜力的市场的名字，你会怎么来回答？

中国？

印度？

不管你说出哪一个来，都可以算你对，因为这两个国家都是巨大的成长型市场。然而，还有一个庞大的市场，就在你家门口，无论你家在哪儿都没关系，它就是女性市场。由于女性受教育程度的提升、劳动就业率的提高和收入能力的增强，今天，人们普遍把女性市场视为世界上最具成长型的市场。《哈佛商业评论》（*Harvard Business Review*）刊载的一篇文章指出："总的来说，女性市场代表着一个比中国和印度加起来还要大上两倍的成长型市场"[1]。

我职业生涯中的大部分时间，都花在研究消费经济中的女性这个课题上。这不是大家耳熟能详的研究。正因为如此，你应该能想象，当我告诉别人我的研究，总会引发一些插科打诨的话来。通常他们都会认为，女人都是婆婆妈妈、琐琐碎碎的，花不了什么大钱，也就是对鞋、包以及花里胡哨的东西感兴趣。买这些东西固然没错，但是这种刻板印象却是对女人的一种疏离，营销专业人士也会为此坐失良机。

"你应当看看我老婆都拿我的信用卡干了些什么！"这是我经常听到的一句话。当有人跟我发这样的牢骚时，我就只是笑笑，然后告诉他女人拉动如此大规模的消费背后的真正原因。谈到这里，大家就不再开玩笑了，所谈的话题也就变得有意思起来[2]。

实事求是地讲，世界上每一种社会里，女性都对孩子和老人扮演着主要看护人的角色。有没有例外？当然有，但仍然否认不了女性在其中起到了举足轻重的作用。作为主要看护人，女性往往都要担负起为全家人购物的责任，她们是家庭首席采购官（CPO）。光知道女性为孩子和丈夫购物这还只是一个皮毛，除此之外，女性还要为年迈的父母、公婆，以及闺蜜、邻居、社区组织等采购。可以说，她们的采买概率比起男人来要大得多，各个年龄段、各种教育背景的人都会找到她们代劳[3]。

这些替别人买东西、拿主意的事情加在一起，我们就会发现，女性的购买力和影响力之大，远远超出我们各个行业的正常想象。例如，家庭中的医疗决策80%都是由女性来决断的[4]。当你赢得了一位女性的青睐并和她做起生意，那就意味着你打开了通向她身后那个家庭的渠道，同时也与她的社会关系和职场朋友圈建立起了联系，因为她是在为许多人购物，不单纯是为她自己。可以说，女性是你和他人建立起有效联系的一座金桥。

第一章
最大的成长型市场就在眼前

◎ 欢迎利用女性倍增效应

作为联系纽带、桥梁和门户，女性对销售会产生我所说的倍增效应（Multiplier Effect）[5]。即使是在陪别人购物时，女性通常也都有极强的影响力，甚至具有一票否决权。在我们的身边，这种例子司空见惯，不胜枚举。比如，在夫妻俩参观样板房时，如果妻子没看上，那极有可能这笔买卖最终就没法成交。

这种倍增效应有几个维度，任一维度都能影响到你的销售成功与否。咱们拿其中的一个维度来举例。女人是营销口碑（如今包括在线社交分享）的首创者。和她们做生意的人或公司对此都不能小觑，因为在女性文化里，女人有和女性朋友谈起自己购物经历的倾向。她们通常会谈及的话题诸如买了什么、在哪儿买的、花了多少钱以及服务怎样。男人往往不会和自己的男性朋友谈起这些事情，即便偶尔聊起来，也不会像女人谈得这么频繁、这么深入。

女人之所以谈论这些话题，是因为她们知道，自己的女性朋友们也都肩负着和她们一样的责任，那就是负责家庭的供货和采购。她们也都分担着同样的压力和焦虑，即为了达到世俗文化的标准而不得不做的美容护肤、穿衣打扮、洗衣做饭、收拾房间、抚养孩子。这是社会对女人的"性别"期待，实际还远不止这些。有鉴于此，本着助人为乐的精神，她们往往觉得，与闺蜜们分享好的购物资源或糟糕的购物体验是自己的责任。让一名女性消费者高兴了，你就能赢得一片喝彩，因为她代表的是一大批潜在的消费者。

这种倍增效应的另外一个维度是，从红白喜事到生日聚会，只要是家庭生活或公司工作中有纪念意义的事情及相应赠礼安排，女性经常会主动承担起来。生活中这些里程碑式活动的打理，形成了市场参与和开销的催化剂。

同时，女性还会从事大量的情感劳动（Emotional Labor）。情感劳动的定义有很多种，这里用来指为了维系和经营社会关系所开展的看不见、摸不着的活动，包括：期盼；满足他人的情感需求；组织具有凝聚力的社会活动；牢记和他人的约会；记得他人的行踪；了解他人的衣服尺码、爱吃的食物、一般的好恶；把他人的冷暖始终记挂在心上等。

所谓的情感劳动，就是女人对老公说："下周四是汤姆爱人过世一周年的日子。我们应当把他请到咱家来吃顿晚饭，免得那天晚上他觉得孤单。"这句很有人情味儿的话听起来简单，但是当我们把它拆分开来看时，你就能发现，它俨然就是由这个女人执导、制作和主演的五幕活报剧。第一幕是记得汤姆爱人的忌日；第二幕是制订邀请汤姆来家吃饭的计划；第三幕是和汤姆联系，向其发出邀请；第四幕是确定那天晚上怎么安排（在家还是在饭店）；第五幕是把那天晚上的安排落到实处。许多女人都会告诉你，她们的脑子里一直装着事儿，同时有好几件事情要想。虽然她自己并不把对这些事情的思考看作情感劳动，但其实是一回事。

所有这些都意味着，即便你的消费者没跟你说她有多忙，你也可以想象得到，她一定是琐事缠身，忙乱不堪。所以在你这儿购物时，你抓住机会让她感到轻松便捷，她能不心存感激吗？男人也会去做情感劳动吗？没错儿，当然会。然而研究表明，女性在一生中付出的情感劳动量要大大超过男性，这也是对女性的一种文化期待[6]。从买家的视角来看，这暗示着女性的"雷达"永远都在搜索着身边的人需要或想要的产品或服务，继而影响着她们走近市场的方式。有时我不禁在想，如果女性不再如此体贴入微，各行各业一定会在一夜之间土崩瓦解。你只需想想对贺卡行业的打击就够了！

◎ 经济缩影

长期以来，虽然女性在家庭里一直充当着管理者角色，但是她们却在短期内起到了为经济变革推波助澜的作用。想想吧，1974年以前，美国的未婚女性如果想用自己的名字申办信用卡，比登天还难。等到1975年10月《平等信用机会法》（*Equal Credit Opportunity Act*）出台才有了改变，在两代人的时间里发生的变化简直令人瞠目结舌。咱们再来看看下列能让你大开眼界的数据统计，它们构成了你的营商环境，对销售策略也形成了有益的支撑。

女性主导了高等教育。在美国，大多数的副学士、学士、硕士甚至博士学位都由女性获得[7]。这构成了全球变化的一部分：许多国家里，女性的高等教育就学率正在超过男性[8]。教育使女性得以进入传统上由男性主导的领域，如法律、医学和科学等[9]。

如果受教育程度是预测一个人未来赚钱能力的重要指标，那么毕业率的数据显示，作为"阿尔法消费者"（Alpha Consumers）的女性的地位，可能至少还会保持二三十年。这意味着，女性不仅仅是当下的消费者，而且是未来的埋单人。请看美国的数据是怎么细分的：

- 学士学位获得者：女性占57%；
- 硕士学位获得者：女性占59%；
- 博士学位获得者：女性占53%。

职场女性：我们这个时代最大的变革。女性步入职场，是近代史上最广泛、最柔和的变革之一，对社会的方方面面都产生了影响。与固有观念背道而驰的是，大多数孩子还小的母亲都在外工作。事实上，有70%的孩子不满18岁的女性加入了美国的劳动者大军，其中绝大多数(75%)是全职工作[10]。尽管如此，和职场男性相比，职场女性仍然得承担更多的无偿家务和照顾责任[11]。这意味着在购物时为她们提供便利，是把她们留在市场上的关键之举。

从另外一个角度看，越来越多的人正在步入垂暮之年。由于女性的预期寿命比男性长，而且通常承担着更多的养老责任，我们可以预测，她们将成为老龄化人口的重要组成部分，这将对她们的消费需求和时间产生影响。

更多的女性在养家糊口。养家糊口的人长什么样？如果你脑海中浮现出的是一个西装革履的男人，那就到了更新这个形象、把更多女性包括进来的时候了。在子女不满 18 岁的家庭中，母亲是主要或唯一经济来源的占 40%[12]。这反映了我们社会的巨大变化，其背后的因素不一而足。不仅有更多的女性拿到了学位、出现在职场，而且社会上还出现了更多的单亲家庭。女性养家在这些家庭中占了压倒性多数[13]。

女性把持着财富。51% 的个人财富由女性控制着[14]。正因为她们是富有进取精神的劳动者，也就顺理成章地成为财富的创造者；又因为女性的预期寿命比男性要长，她们又自然而然地成为财富的继承者。这两方面都影响到了女性的决策和财政需求。40% 的新企业家是女性[15]。女性拥有的企业占全美企业的 39%[16]。在本书中，你将有机会读到这些女企业家的心声，并从她们对待消费者的方式上学到一些新招。

大多数管理和专业岗位都由女性占据。在所有从事管理专业和相关行业的人员中，女性占 52%[17]。这个百分比的含义是，有越来越多的女性参与到 B2B 销售中来。许多目光长远的企业都纷纷组建了更加多样化的客户服务团队，以回应客户群的不同需求。

女性主导着大型社交网络。女性是脸书网（Facebook）、照片墙（Instagram）、推特（Twitter）、品趣志（Pinterest）[18] 和快拍（Snapchat）[19] 的主要用户。我们都清楚，对企业的推介、声誉和产品营销来讲，社交共享平台从没有像今天这样重要。女性是大多数大型社交网络的主要用户。这点虽然人们并不经常能听到,但却是女性"倍增效应"对企业产生影响的另外一个关键维度。

照顾。从全世界范围来看,女性承包了大部分无偿的工作,包括做家务、照看孩子和老人[20]。具体情况虽然因国家不同而不同,但在绝大多数情况下,女性在外面工作的同时,还得在家庭中从事"第二职业"——无偿付出,辛苦持家。这是女性作为消费者在生活中所凸显出来的与男性最大的不同之处:在做购物决定时,她们经常得把其他人的需求考虑进去,同时还要兼顾自己肩负的多重照顾责任[21]。

这些数据统计为妇女的经济影响描绘了一幅非凡的图景。不过,在企业界显赫的领导岗位上,女性仍然缺席。在标准普尔500强公司(S&P 500 Companies)中,女性员工虽然占了大多数,但是男性首席执行官却占了95%,而且他们几乎总是盘踞在由男性主导的管理团队的领导宝座上[22]。女性创办的公司(所有的创始人都是女性)只能获得2%的风险投资[23]。正如这些数据所显示的那样,女性买家和向女性销售产品的公司领导层之间仍然存在着巨大的性别鸿沟。我的理念是,哪里有鸿沟,哪里就有填补鸿沟的机会。这就是我们以书为桥、在此相逢的原因。用真知灼见和精准信息来填补这一鸿沟,将会让你在竞争中领先一步,令消费者称心如意。

第一章 最大的成长型市场就在眼前

重点打包

● 女性是世界上最大的成长型市场之一。满足她们作为消费者的需求,是在现代经济中赢得先机的关键。

● 女性对为她们提供品质服务的企业和营销专业人士有倍增效应。

● 了解女性教育和经济进步的速度,是跟上这个市场的根本。

激活思路

● 从与现代女性消费者联系的有效性角度讲,如果把你的企业按1~10个等级来划分的话,最高是10级,你想给出几级?把这个定级用作今后努力的起点和标准。

● 在自己和消费者的互动过程中,你是如何看待性别文化差异的?在这些经历中你都学到了什么?

● 按性别对客户信息进行分类。你能通过对这些信息的研究来划分特定的购物模式和偏好吗?

第二章

如今的销售看起来像什么

她生意
如何精准吸引女性顾客

第二章
如今的销售看起来像什么

想一想,哪次购物体验让你至今难忘,甚至逢人便讲?

还没想出来?

很有可能你的大脑此刻一片空白,因为从消费者的角度讲,一般说来购物体验都较差。虽说不至于差到极点,但是乏善可陈,毫无效果,巴不得转身就把它抛到九霄云外。而这,对那些反其道而行之的营销人员来讲,无异于天赐良机。

在进行相关研究的过程中,我花了好几天的时间来调查女性(也包括许多男性)怎样购物,都买些什么,从谁那里买,为什么她们买这些人或公司的产品,而不是其他人或公司的。当我请她们讲讲某个销售人员让她经历的难忘消费体验时,总能看到她们一脸茫然,呆呆地看着我说:"别着急,给我点时间。我觉得总能想起点儿什么的。"

一般来说,她们什么都记不起来。

电子商务改变了我们对现实世界中购物的看法。有些女性认为网上购物体验比面对面互动的感觉要好得多,所以网上购物体验不太可能成为完美无瑕的个人服务的新标杆。部分原因在于,电子商务交易剔除了传统销售环境中存在的一些可变因素。咱们来看一下电子商务中常规的零售交易：一位女性消费者想买一件新风衣，她上亚马逊网站（Amazon.com）搜索，发现了一件，颜色和尺码正是她想要的。在查阅了其他消费者对这种产品的评价后，她自信满满地提交了订单。刚下完单，她立即收到了电子邮件的成交确认，还附有几句感谢的话，连商品何时出库都跟她讲得一清二楚。她足不出户便轻松地拿到了风衣。交易完成后，她收到了征求反馈意见的短信。后来，卖家根据她选购的风衣，还根据她的喜好向她做了个性化商品推荐。

现在，咱们再来想象一下这位消费者走进商场想要买一件同款风衣。她可能遇到的变数就太多了。也许没人和她打招呼；也许没人和她有眼神交流；也许没人主动上前帮忙；可能没人了解她所感兴趣的风衣；她想买的风衣可能没货；她问店员在别的店里能否买到她的尺码的风衣，可能没人为她跟进，这家店从此如泥牛入海无消息。最后，她是在另外一个商场买到的风衣。

完全可以不必这个样子嘛。传统商场想要和在线消费体验一决雌雄的话，应当这样做：

消费者走进商场要买一件风衣，店员友好地和她打招呼，然后问她需要什么。她说自己准备外出进行第一次徒步旅行，想要置办一套合适的行头。店员经过和她交流，了解到她还有露营的安排。很快，店员就向她推荐了一款面料厚实的风衣、羊绒袜子和能装得下全部所需东西的双肩背包。她想买的那个颜色的风衣恰好断货，店员马上为她订了一件，直接送货上门。这位消费者还顺便学到了一些有关这些商品的知识。当她走出商场时，感到收获超出了预期。几天后风衣送货到家。这次购物体验让她非常满意，特别是那个无所不知的店员给她留下了深刻的印象。

在这个案例中，传统零售商能比在线零售商卖出更多的商品，因为店员有机会面对面主动问及一些问题，提出一些建议，提供及时帮助，关照顾客所需。能问出来"为什么"，而不仅仅问"是什么"，是在现实世界里进行营销的一大利器。

令人遗憾的是，这往往是一个特例。一些女性压根儿就不想遭遇面对面的客户体验，仅仅是因为她们觉得现实世界里的消费体验不太好，效率不高不说，可能还买不到什么东西，甚至有可能憋一肚子气回家。就像一位女性消费者跟我讲的那样："在有些店里，有人上来咬你一口你都不知道是谁干的。根本没人搭理你。"这就解释了为什么越来越多的人依赖于众包点评（Crowdsourced Review）网站，反而提高了每一个想通过吸引顾客来谋生的人的经营成本。对于营销专业人士来说，关键是要保持良好的声誉，坚持一以贯之的品质服务，这样人们才会"众里寻你千百度"，因为你为他们解决了一个不确定的事儿：他们笃信与你相处会很愉快。

无论你是销售什么的，总可能会有更低的价格和更方便的选项等待着消费者去抉择。这就是为什么说，如今营造令人难忘的人际交往体验比以往任何时候都更加重要。研究表明，在寻求建议时，

77%的消费者会很自然地听从活生生的人，而不是冷冰冰的数字技术[1]。可是，许多公司似乎都热衷于技术投资，而让有温度的人性化销售枯萎凋零了。这正是尽管人们拥有的沟通工具如此时尚前沿，但现实世界里令人难以忘怀的消费体验寥若晨星、凤毛麟角的原因。

从女性的角度来看，许多营销体验仍然在走两个极端：

"你还想赚我的钱？" ←――――――――→ "别烦我了。"

而"甜蜜点"一定处在两个极端之间的某个位置上。显而易见，人们对那些甜蜜点拿捏到位、能提供良好客户体验的商家必然趋之若鹜。想想那些在苹果专卖店里穿着五颜六色的T恤衫、面带笑容的店员吧。他们是在做销售吗？当然，他们不是在做销售又是在做什么？可是你能感觉到他们在做销售吗？感觉不到吧。你感觉到他们在帮你的忙。他们在普及知识，提供建议，解决难题，回答问题。总之一句话，他们让你认为用他们的产品改善自己生活质量的感觉真好。于是，逛苹果专卖店就成了一件令人非常惬意的事情。纽约第五大道上的苹果专卖店甚至是24小时不打烊——怎么能忍心让想目睹苹果新产品芳容的消费者久等呢？

一位年轻女士告诉我，她就喜欢逛苹果专卖店，因为"一走进店里，周围全都是很有学识的人。我一下子就很兴奋"。这种说法很能说明问题。想想看，如果苹果专卖店想让消费者感到自己是个傻瓜，那不是易如反掌吗？没人一上来就能摆弄明白这些新奇的玩意儿，更何况里面的店员都有"天才"之称啊。

不过别担心，走出苹果专卖店的消费者反倒觉得比进店的时候更聪明了。这就是情感的力量和盛宴。这家世界上技术最先进的公司让人性和营销水乳交融，取得了惊人的销售效果。就店内每平方英尺的销售额而言，苹果专卖店超过了其他任何零售商。没错儿，部分原因是他们的产品价格比别人的高，但没有人能否认，他们的实体体验店门庭若市，消费者接踵而至，而其他零售店则顾客较少，门可罗雀。

◎ 销售：变与不变

要想把女性消费者牢牢抓住，像苹果专卖店那样与消费者建立起强有力的联系，首先就得了解销售格局都发生了哪些重要变化：

一、力量的天平已经失衡。互联网从根本上改变了买卖双方的力量均势。公司或营销专业人士不再"拥有"关于产品或服务的所有信息。有些消费者甚至觉得，他们对自己感兴趣的产品比销售人员了解得更多。

二、快速和简单被重新定义。电子商务、亚马逊金牌服务（Amazon Prime）、家庭数字助理、语音技术、增强现实（AR）、应用程序和按需服务等创新，改变了人们对便捷性和速度的看法，从而迫使营销专业人士不得不与差异化产品去抗衡。

三、人们需要一个离开沙发的理由。在实体店和销售办公室等实体环境中，当务之急是提供一种全新的、个性化的、以服务为导向的多感官体验，以吸引人们走出家门去寻求这种体验。

医疗行业为营销专业人士提供了一个饶有趣味的类比，说明了事情是如何发生变化的。想象一下，患者拿着一堆从网上找到的关于自己病症的资料走进诊室。还没等医生给她做检查，患者就称根据自己的研究，她已经做出了诊断。等患者把话讲完后，医生才在多年的医学教育和临床实践基础上发表了自己的意见。

在这种情况下，患者拥有信息，而医生拥有知识、专业技能和诊断成千上万有类似症状的患者的医疗经验。然而，由于患者可以接触到如此多的信息，与互联网出现之前相比，医患之间的对话会变得不同，可能时间更长、效果更好。

营销专业人士见到这种情况应当能会心一笑。在通常情况下，女性消费者在见到你之前已经做了一番调查研究。从她们的角度来看，如果你卖的东西标价很高或者"利益攸关"，她们下的功夫可能就深些。她们读过评论，看了社交媒体，看了其他消费者拍摄的视频，比较了各种选项并核对了价格；甚至还可能会在领英（LinkedIn）网或你公司的网站上了解过你的职业背景。在这个新型环境中，你所面临的挑战就是，如何给消费者自认为已经部分或全部完成的调查赋予更多的价值。当然，这个过程调整起来并不那么容易。然而，令人欣慰的是，许多基本情况还都没有改变：

一、人们总是有购买的欲望和需求。对销售的需要不会很快销声匿迹；成功意味着激励客户从你这里购买，而不是从其他人那里或其他地方购买。

二、有些卖家笃信自己的产品，从他们那里买东西是令人兴奋的事。这就是苹果专卖店"网络口碑"（Buzz）超好、店员—消费者高频互动的原因。没有什么比从对自己的工作充满激情、对自己的产品充满信心的人那里购物更有感染力的了。

三、良好的人际关系技巧大有裨益。正如我们所看到的，随着电子商务、应用程序和算法新标准的制定，我们对品质服务的定义已经发生了改变。这意味着有效的沟通技巧比以往任何时候都更为重要。

重点打包

● 女性所扮演的社会角色以及受教育程度的提高和财富的增加，意味着她们不仅是今天的主要消费者，也是明天的重要消费者。

● 电子商务改变了我们对实体购物体验的期望，凸显了良好的人际关系技巧和客户参与的重要性。

● 令人赞赏的销售体验仍然少之又少，这给那些能够为消费者提供超值体验的卖家创造了巨大的机会。

激活思路

● 想想专业营销人士带给你最好的一次购物体验。这位专业人士什么方面做得周到，让你难以忘怀？以这次经历为参照，你可以把哪些经验应用到自己的企业中呢？

● 把你最喜欢的购物场所写下来，电子商务公司和传统商场都可以。你可以借鉴、移植这些商家的哪些好做法到自己的企业中？

第三章

四驱营销法

她生意
如何精准吸引女性顾客

第三章
四驱营销法

你想让消费者讲一讲她们在你这儿的消费体验。考虑一下怎样才能让她们按照你的想法去讲，然后对这一消费体验进行反求（Reverse Engineer），以便得出积极的情感结果。

你只需看一眼股票市场就能轻松地发现，积极的情感结果能带来积极的财务结果。一般说来，当人们感到群体性乐观时，股市便会看涨；当人们感到群体性焦虑、低迷和紧张时，股市便会走低。从个人层面看，在与消费者互动的过程中也会发生这种情况。正是你给她们的感觉让她们想和你合作、向你买东西。

情感结果非常重要，连豪华汽车制造商雷克萨斯现在都通过民调进行衡量和评估。"情感是衡量消费者忠诚度的一个重要指标，"雷克萨斯客户服务副总裁佩吉·特纳(Peggy Turner)说，"消费者满意度是必须要加以认真考虑的。我们都想知道：自己给消费者的感觉如何？"

那么，如何反求消费体验才能得出积极的结果呢？虽然每个买家都不尽相同，但是，只要你认识到消费者的购买风格往往分为两种：事务性和整体性，那就是一个良好的开端。日常生活中，人们都把事务性购物（Transactional Buying）称为外科手术式精准打击。也就是说，消费者只有一个想法：我知道自己想要什么。我只是想从你这儿买完就走。

整体性购物（Holistic Buying）指的是一种"大局观"购物风格，即消费者参与到产品和价格之外的多方位体验之中[1]。这些因素包括购物过程给她们带来的乐趣、购物环境的吸引力以及售后服务等的长远考虑。下表是事务性购物与整体性购物风格的对比：

事务性购物与整体性购物

事务性购物	整体性购物
买一件东西	全方位购物——还可以再买点什么？
只考虑这件商品	考虑这件商品，兼顾消费体验，包括和店员的互动
在想："这个东西适合我吗？"	在想："别人也能用上吗？"
对店员的周到服务期待值低	对店员的周到服务期待值高
只求提供信息	要求提供信息，还得生发灵感

有些人可能这会儿是整体性买家，过会儿又变成了事务性买家。买家和你在一起时处于什么"模式"，取决于她那天有多忙，以及她对你的产品有没有投入情感。通常说来，女性都会发现自己处在整体性购买模式中。原因有二：

其一，她们家庭首席采购官的角色，使她们的决策更具复杂性。由于在自己的小家和大家庭中所从事的无偿"第二职业"，女性会考虑到时间限制等因素；她们还经常会考虑到别人的需求，并从这些角度来审视自己的购物决定；她们可能还会想，即使是为家里其他人买的，如果东西买得不合适，也不得不退货，而这就意味着要浪费更多时间，感受售后的负面体验。因此，在决定购买时，女性总想着要一击即中，并想方设法让自己尽职尽责，让大家都高兴。

其二，从小就有人教导女性在购物方面要形成"大局观"。例如，女性可能会想到不只是买一件衬衫，而是买一套衣服；不只是买主菜，还得买配菜和甜点；不只是买床罩，还要有配套的床单和枕头。这就是为什么许多女性会有兴趣了解与你的产品或服务有关的、能"搭配着买走"的其他产品或服务。这种购物方式有一个非常实用的方面：搭配购买互补产品比零散采购更有效率，结果更令人满意，也能少跑不少冤枉路。女性也认为这样买东西更划算，因为整体大于部分之和。

如果你在和整体性买家打交道时能做到驾轻就熟，游刃有余，那你自然也能让事务性买家称心如意，因为你给她们的体验可能是她们从未期待过的，但也会欣然接受。要想把整体性买家吸引住，你就必须相应地调整自己的营销风格。我为你量身打造的利器，就是"四驱营销法®"（The Four Motivators® Framework）。

◎ 四驱营销法

在工作中，有太多的事情是你无法左右的。仅举 3 个例子：经济、科技进步和天气。你也许还能想出 50 个来。不过，值得庆幸的是，你可以操控商场上最重要的因素：消费者体验。

经过对消费者十多年的研究，我总结出影响女性购物决定的四驱营销法。在这四个驱动框架下去做营销，将助力你制定出更能有效吸引女性消费者的针对性策略。理想情况下，消费者们想要感受到的是：

- 与你、你的品牌和你的公司产生联系；
- 受到和你做生意的鼓励；
- 对自己的购买决策有信心；
- 卖家对她们心存感激。

这些驱动营销法可以作为你和女性做生意时的实战指南。虽然你可能从来没有听过消费者使用这些特定的表达方式，但它们是积极的情感结果，可以帮助你拿下更多的订单，赢得更好的口碑。在本书后面的章节里，你会发现数十个可以用来激活四驱营销法的招数。将它们有机搭配，你就能打出一套念好女人生意经的组合拳来。

作为一名营销专业人士，你一定清楚，要想做成生意，单凭一种方法是行不通的。由于我们每时每刻面对的消费者不同，销售每天都是新的。成功要靠知识、精明判断、个性和个人风格的有机结合。有鉴于此，我把精心收集到的营销专业人士的珍贵心得和不同企业的最佳实践案例奉献给各位，旨在激发你的创新能力。为了让你的思维活跃起来，咱们先从一支职业橄榄球队的最佳实践案例说起。

最佳实践案例

明尼苏达海盗队
情感投入之冠

大多数人可能都认为职业橄榄球比赛不是一种消费体验，但明尼苏达海盗队是这样认为的。2016年，这支美国国家橄榄球联盟球队在明尼阿波利斯完成了美国银行体育场的建设。该体育场是2018年第52届超级碗橄榄球联赛的比赛场地。除了要把它建设成为一个建筑奇迹外，该球队将每个触达点（Touchpoint）的球迷全方位体验作为优先选项。我们来看看一支专业的体育团队，是如何营造出包含所有四驱营销法的消费体验的。这对任何企业来讲都是一个引人注目、令人信服的实例。

大多数职业球迷从未踏足过自己支持球队的主场，这对拥有全球球迷组织的球队来说算得上是个有趣的挑战。"全世界的海盗队球迷中，只有4%进到过美国银行体育场。"明尼苏达海盗队首席运营官（COO）凯文·沃伦（Kevin Warren）说，"所以，当幸运地看到球迷不惜破费走进体育场来支持我们的时候，我们就必须为他们提供尽可能多的服务，哪怕做过了头也在所不惜，以此来捕获他们的心，因为这可能是他们唯一一次进入我们的主场。我们要让他们终生难忘这次体验，这可是一个艰巨的使命。"

沃伦把球迷体验这件事情看得很大。他努力让美国银行体育场里的每一场比赛都精彩绝伦，以便把外地的球迷都吸引到明尼苏达来。在我看来，他已经深深地移情球迷了。"当球迷们来到我们的体育场时，进来的不仅仅是他们，"沃伦说，"他们还把那些不能到场人的精神也带进了体育场。等他们回到家，一定会说：'这是我一生中最难忘的经历。'或者说：'这次经历简直太美妙了'。"

"尽管如此，"沃伦继续说道，"我们还是需要确保食物合适；座位舒服；无论球迷的收入水平和背景如何，一律为他们及家人提供食宿；为每个人提供伴手礼和合身的服装；给母亲们备好专门哺乳室；在体育场里为患有自闭症和其他感官疾病的年轻人建立感官室。我们想让多样化的球迷群体中的每一位都有宾至如归之感，坐享作为明尼苏达海盗队球迷带给他们的快乐。"

海盗队还做了一件异乎寻常的工作，即把各类球迷特别是女性球迷的情况做了一个详尽统计。就美国国家橄榄球联盟各队而言，女性球迷占45%[2]；而在购票到现场观看海盗队比赛的球迷中，女性则占了50%[3]。因此，取悦这一人群并满足她们的需求成为重中之重，也就不足为怪了。例如，在美国国家橄榄球联盟各队中，海盗队是第一支将妈妈娃（Mamava）哺乳舱放进主场的球队，为哺乳期的女性提供私密哺乳空间。这一前所未有的举措引起了热烈的反响。由于需求量非常大，后来干脆在体育场里专设了母亲包间。"球迷们反响强烈，哺乳舱的需求量大增。"沃伦说，"我们坚信在主场增设母亲包间，是营造家庭友好氛围的关键一步。"[4]

该球队还在业务运作中有意识地提升女性的话语权和参与度。

2016年,一个由高级女性高管组成的女性顾问委员会(绝对是实至名归)正式成立,旨在最大限度地提高女性球迷的参与度。海盗团队还把女性吸纳进了高端管理层。为海盗队效力了21年的主管塔米·海德里克(Tami Hedrick)专门负责团队内外的女性事务,并在"海盗女性"这一框架下全面开展工作。"女性对我们团队的参与是全方位的。海盗队的成功,她们的参与必不可少。"海德里克如是说。"海盗女性"系列活动每年都会定期举办;"海盗女性"的礼品和服饰在球队专卖店里随时可以买到;此外,社交媒体也在努力把女性球迷纳入视野之中。海德里克和她的同事们还为海盗团队中的女性高管们量体裁衣,设计了全年丰富多彩的活动。

明尼苏达海盗队制定的一系列女性参与策略,实际上就是对联系、鼓励、信心和感激这四驱营销法的贯彻和落实。女性球迷们对此感同身受,因为:

● 球队团队用看得见、摸得着的方式向体育场、社区和团队内部的女性伸出了联系之手;

● 通过营造一系列球迷体验来鼓励球迷的广泛参与;

● 向球迷输送信心:购票观看比赛,值;

● 通过提供食宿和礼物,向每一类球迷(包括新生儿)表达感激之情。

* * *

◎ 把四驱营销法用到你的销售中

海盗团队在全流程业务中以多种方式激活了四驱营销法，其中关键的一点还是他们有这个意识，而这正是每个商家都能做到的事情。即便你没有体育场，你的零售门市或消费者光顾的业务办公室，都是你的主场，在这些实体环境里你都有用武之地。

业务办公室的装修、装饰常常为人们所忽视，但它们会对你的业务形象产生巨大的影响。锈迹斑斑、布满划痕的金属办公桌、塞得乱七八糟的文件柜和光秃秃的墙壁，会让消费者感觉你生意做得不好，丝毫没有竞争力。想要证明办公室设计有多重要，只需看看众创空间（WeWork）公司的成功就够了。市值（截至本书原版图书出版时）高达200亿美元[5]的众创公司，不仅利用了人们对灵活工作空间的渴望，还通过改善共享办公室的装饰、氛围和社区感觉，打造出了迷人的工作空间，让人们流连忘返。

你实体空间里的一切，要么对消费体验大有裨益，要么适得其反。咱们来想象一下商店：最最基本的，得有四面墙壁和一个顶棚吧？是什么让有些商店吸引我们一而再再而三地光顾，而有些则是不得不去呢？当然是环境，由灯光、材质、颜色、商品、气味、洁净度、声音、舒适度以及员工的精气神交织在一起所形成的环境。女性消费者尤其关注和看重零售环境中的细节。

正如一位女士跟我讲的："当我走进全食（Whole Foods）连锁超

市时，立刻就会有一种'激灵一下'的感觉。我说不好是体内的血清素还是多巴胺在作怪。商场里绚烂多彩，井井有条，绝对是360度无死角的美妙体验。"

我们之所以花费这么长时间来探讨设施装备，是因为引人注目的实体环境比以往任何时候都更加重要。正如影剧院老板通过提供酒店级的优质餐桌服务和可调座椅预订服务来为观众营造新的体验一样，拥有实体环境的每个商家，都应当不断对环境和空间加以改善，以便让女性消费者感到联系、鼓励、信心和感激。那么，从哪儿做起呢？首先我们来看一下你应当遵循的四个原则：

一、提供感官体验。在大多数情况下，通过屏幕去触摸、品尝或嗅到任何东西都是不可能的。实体店有我所说的"主场优势"：用真实的环境来给消费者提供视觉、听觉、嗅觉、味觉、触觉五种感觉的体验机会。

二、酒香也怕巷子深。研究表明，名牌和实体环境都在最终转化成销售额方面发挥了至关重要的作用，即便交易最后是在网上完成的[6]。那些在难忘的亲身体验中感受到激励的消费者，在离开实体店或营业场所后，可能最终决定在公司网站上购买。因此，商场或业务办公室便需要让自身不单单是一个卖东西的场所，而是成为品牌体验的实体形象代言。

三、展现你的热情好客。诸如让员工引领消费者穿过通道（不仅仅是抬手一指了之）、提供小吃、和消费者交谈，以帮助她们做出更好的购物决策等，这样实实在在的言行会令消费者心存感激，久久难以忘怀。

四、做给别人看。小时候，我们大多数人就知道看图说话的力量。这一概念可以成功复制到任何一个实体空间。"全球化妆品零售权威"——法国的丝芙兰（Sephora）就是一个极佳的例子。该品牌门店俨然就是实验游乐场，与以前在柜台后面闭门造车的美容体验有天壤之别。试用，是化妆品行业中消费者在做出购买决策之前的一个重要环节。而在丝芙兰门店的体验经历，能让消费者在令人眼花缭乱的化妆品中，购买喜欢的产品时感到自信。在第六章里，你将会了解到更多有关丝芙兰做好女人生意的成功故事。

或许你在想，丝芙兰之所以能让女性消费者享受到一种迷人的体验，还不就是因为他们是做美容产品的？我不是卖女性产品的，又能怎么做呢？好，咱们接下来看一个卡车驿站的改造，你就能更充分地认识到把四驱营销法和实体空间进行战略结合的价值所在。

最佳实践案例

领航旅行中心公司
值得停进来休息的卡车驿站

当我说"卡车驿站"时，你的脑海中会浮现出什么景象？我敢保证不会是你在重新设计过的领航旅行中心公司所属的旅行中心里看到的那个样子。领航旅行中心有限责任公司（Pilot Travel Centers LLC）的另外一个名字——领航旅行中心公司——更为人们所熟知。它是北美最大的旅行中心（即卡车驿站）运营商。2017年，沃伦·巴菲特（Warren Buffett）旗下的公司伯克希尔哈撒韦（Berkshire Hathaway）宣布斥巨资收购该公司股权[7]，这才引起了人们对它的密切关注。这家总部设在田纳西州的公司，在美国44个州和加拿大6个省里有750家营业点，为专职卡车司机和像你我这样的"四轮轿车"司机提供服务。大多数我们这样的"四轮轿车"司机，只有在确有需要的时候才会想到在路边停车。但是，如果旅行中心的吸引力都到了让你期盼进去看看的程度，那情况又会怎样呢？

最近，领航旅行中心公司开始了为期5年、投资5亿美元的消费体验改善工程，以提升对日益壮大的消费群体的吸引力，其中就包括越来越多的参与居家旅行、已婚卡车司机团队、商务旅行的女性和"四轮轿车"司机。我参观过该公司在田纳西州莱巴嫩（Lebanon）重新设计的旅行中心。可以说，这家中心把四驱营销法应用得淋漓尽致。

"人们想要和店内的一切进行情感链接。"临时为我客串向导的领航旅行中心公司首席体验官（CEO）惠特尼·哈斯拉姆·约翰逊（Whitney Haslam Johnson）说。哈斯拉姆·约翰逊是创办并仍然经营着这家公司的哈斯拉姆家族的一员。"我们不想让人感觉这里就是个卡车停车场，"她说，"生活已经够艰难、够奔波、够疯狂的了，怎样才能营造出一个轻松、便捷的环境呢？"

像美国银行体育场一样，经过精心设计的领航旅行中心面目一新，就是要让每一名消费者从进门那一刻起，便和中心产生情感上的对接。然而，与橄榄球场不同的是，领航旅行中心商店必须迎合并兼顾事务性买家——进店快速买完东西就想继续赶路的人，和整体性买家——进店享受一天中唯一一段放松休息、吃顿热饭、社交互动时光的人（通常这些人都是专职卡车司机）——的需要。下面，我们把关注的重点放在店内改造上，这些改造都是为"四轮轿车"司机这类消费群体（其中女性所占比例越来越高）设计的。

纵观历史，食物始终是人们表达情感的载体。在新改造的领航旅行中心店里，食物占据了最突出的中心位置。你根本想不到卡车驿站里竟会如此设计。进店第一眼看到的便是身着白色工作服、头戴高高厨师帽的"厨师"，站在开放式厨房里的他在炉子上的一口大锅旁翻炒着，还亲自为消费者端上热气腾腾的菜肴。惊喜之后，你听到了那个熟悉的声音，没错儿，咖啡机正在研磨咖啡豆，浓郁的香味儿扑鼻而来。领航旅行中心店安装了现磨咖啡机，这意味着店内的每一杯咖啡都是现磨的。每天早高峰时间，一位"咖啡主人"

都会站在咖啡机旁，帮助消费者选择咖啡品种。

沙拉、保鲜包装的水果和健康食品摆放在了店门口的显眼位置，并且贴上了统一的"领航鲜品"（PJ Fresh）的商标。LED灯把商品陈列柜照得格外明亮，让里面的商品分外抓人眼球。照明这件事听起来微不足道，但学问可大了：精心设计的照明会让店里看起来明亮、现代，令人耳目一新。

店主对细节的关注和重视还体现在卫生间里。这对女性来讲可是一大福利。"如果卫生间体验很不好的话，我们可能就会因此失去一个消费者。"哈斯拉姆·约翰逊说，"这是留给她们的第一印象。我们在调查了解消费者反馈意见时，发现卫生间对女性和带孩子旅行的人非常重要。"我参观了那里的卫生间，看到了一个温暖、洁净的空间，里面镶嵌着意大利玻璃和瓷砖；一面全身镜；挂背包和钱包的挂钩；还有儿童座椅。我注意到女性卫生间的标志根本不是什么图标，而是一张很大的照片，上面是一个女性在开车，一头长长的秀发在风中飘散。

在停车场和避雨篷的LED照明上，领航旅行中心也非常舍得投入，为的是营造出一个明亮的氛围，以增加安全感和舒适度。该公司还投资收购了高速公路出口附近的房地产。就像哈斯拉姆·约翰逊说的那样，没人愿意上了高速公路后在黑暗中一开就是许多英里。这些创新举措向女性表明，你致力于向她们提供打动人心的体验。当你把女性的关注（比如安全问题）和高见吸收进来时，你就能提升每个人的体验水平，毕竟，男人也需要安全嘛。

为了让消费者的体验尽善尽美，领航旅行中心的营销目标是对每一位离店的消费者都要亲口道别。该店的总经理亨特·布鲁克（Hunter Brock）这样解释道："我们要求所有员工做到：消费者进店有问候，离店有道别，在店期间有交流。"

领航旅行中心重新设计的店面堪称四驱营销法的模范践行者。在这些实体空间里，他们：

● 通过让员工在迎来送往时对消费者的问候和道别，实现了情感链接；

● 通过提供出乎消费者意料的饮食花色品种、营造整洁的店内环境，使得消费者受到了激励；

● 通过中心的良好照明和高速公路出口附近的选址，来增强消费者信心，让他们不必担心得开出去很远才能来到店里；

● 通过提供健康食品的多种选项，完美无瑕、设计精良的卫生间，以及店内货架上的女性用品，来体现对女性消费者的关爱感激之情。

* * *

通过对像领航旅行中心这样的商业领军企业的实践案例的探讨，你就能够充分发挥自己的主观创新力，把四驱营销法融入自己的企业管理与服务之中。本书后面的四章将会为你提供数十个"赢得女人心"的撒手锏，从而跟这一消费群体实现情感链接，使她们倍感激励，信心满满，心存感激。

重点打包

- 消费者的购物风格可以分为两种：事务性和整体性。通过调整整体性买家的购物体验，你们店对经常处于这种模式的女性消费者的吸引力就会大增。同时，你也会为事务性买家提供她们意料之外却乐于接受的消费体验。

- 四驱营销法能够帮助消费者和你产生积极的情感共鸣。理想情况下，消费者们想要感受到的是：

与你、你的品牌和你的公司产生联系；

受到和你做生意的鼓励；

对自己的购物决策有信心；

卖家对她们心存感激。

- 明尼苏达海盗队和领航旅行中心的最佳实践表明，为女性消费者提供包罗万象的购物体验，会从根本上让每个人都从中受益。

激活思路

● 考虑一下你自己的业务和营销风格。以下哪几个驱动法是你的强项？哪几个是你的弱项？

情感联络能力；

激励消费者能力；

赋予消费者以信心的能力；

表达谢意的主动性。

● 设想一下你的消费者正在和朋友交谈。她对朋友讲："你一定得和××（这里指'你'）做生意，因为……"你希望这名消费者能给出什么理由来？抛开价格不谈，你希望她能列举出多少个理由来？

● 从女性消费者的视角来审视一下自己的营销环境，并回答下列问题。当女性消费者进入到你的营业场所时，她们可能会注意到这些问题：

这地方让人觉得亮堂、时髦吗？

这地方干净吗？

进店时能感觉得到自己是受欢迎的吗？

店员让人觉得舒服吗（也就是说，店员彬彬有礼吗）？

有女性员工在这里工作吗？

店内有坐下休息的地方吗？

能满足带孩子进店顾客的需求吗?

店员有意帮助消费者吗?

店员相关知识的储备够不够,可信吗?

真的是物超所值吗?

如果买错东西了,能指望店员欣然退货吗?

还会愿意再来吗?

有推荐朋友到店里来的强烈愿望吗?

第四章

第一个驱动：联系

与消费者建立情感链接

第四章
第一个驱动：联系　与消费者建立情感链接

作为营销专业人士，你是消费者购物体验的重要组成部分，其重要性丝毫不亚于甚至超过你所提供的产品或服务。我们这里讲的第一个驱动就是和消费者建立情感链接。

"我的目标就是疏远我的消费者。"有这样说话的人吗？我可是从来都没见到过。我所遇见的每个人都是努力去善待消费者，并且扪心自问，都觉得自己做到了这一点。不过，由于男性和女性的生活阅历不同，根植于其中并由此产生的误解比比皆是。以下是女性消费者不厌其烦地跟我提及的三个典型情感链接"杀手"。你在阅读这段文字的时候，别忘了问问自己：这些情况会发生在男性消费者身上吗？

◎ 画蛇添足式的赞美

一名年轻女性走进一个小家具店，想看看她透过窗户发现的一个沙发。店里只有一名店员，见到有顾客来，便忙不迭地起身和她打招呼："今天这是哪股风把您给刮来了？有美女到店里来真叫人开心啊！"这名店员以为他说上几句好听的就能和顾客套上近乎，天底下哪有女人不愿意听别人夸她们长得漂亮啊？

然而，店员的这句奉承话起到的效果适得其反。她愣在那里，立刻感到浑身不自在。在她看来，一名陌生男子在空荡荡的店里吹捧自己的颜值高是不合适的，也是多余的。这和买沙发这件事风马牛不相及。这名年轻女性转身就走了，把别的店里的沙发买走了。男店员认为她根本就没诚心买。

问题出在哪儿：销售人员一张嘴就把这单生意弄丢了。店内每种产品的特性和优点他都了如指掌，也接受过这方面的培训，但最终这些都显得无关紧要了。他没能和这位消费者产生情感链接，因为他错误地认为，阿谀奉承就能缓解尴尬，打破僵局。在和消费者互动过程中，知道如何利用好赞美这件利器至关重要。并不是说人们不喜欢接受赞美或逢迎，重要的在于语境、判断和语言，这一点对女性买家尤为重要。店员是有意想让这名女顾客感到不舒服吗？并非如此。可是，他没做过女人，也没有遭遇过男性被以貌取人的经历，因此，他的视角和这名女性消费者大相径庭。在这种情况下，倒不如称赞她有眼光，沙发选得好，效果会比现在好得多。当你不敢肯定自己的由衷赞美是否会收到好的效果时，不妨去做做后面的"拿不准"的测验题。

◎ 过度分享，口无遮拦

一位女士来到了一家豪华车专营店，想试驾并购买她在网上研究了好长一段时间的品牌车。试驾时，她看到陪着她的是一名女性销售，感到挺高兴。行驶过程中，销售人员发现她们俩人都是年轻孩子的母亲，于是便开始喋喋不休地讲起自己最近刚离婚、前夫不愿意给抚养费的事儿。这名消费者对销售人员的私生活并不感兴趣，在车上被迫听她唠叨这些私事感到很恼火。而销售人员却不见外，认为把私事讲给同为母亲的消费者听能拉近她俩之间的距离。她认为：套近乎是女人的天性，这样一来我们不就可以建立起情感链接了吗？

试驾都结束了，销售人员还在谈论她的前夫，把消费者气坏了。结果新车没买成，因为这样她就得花好几个小时来落实购车合同，同时还得忍受销售人员滔滔不绝的唠叨。她决绝地走了，再也没有回头。销售人员误以为这位女士过于挑剔，而没有认识到自己交际能力的低下，活生生把消费者推给了竞争对手。这位女士在另外一家专营店买了一辆同款的车，连试驾都免了。

问题出在哪儿：消费者是在买新车，而不是在交新朋友。发现共同点以建立情感链接和因过度分享个人信息而撵跑顾客，售车员没能找到介于两者之间的最佳途径。在本章后面"回力镖策略"（Boomerang Strategy）中，我将就如何拿捏好"过头"和"不及"之间的度这一问题加以探讨。

◎"没问题"的坏听众

一位成熟女士想找个财务顾问，于是打电话想先初步了解些情况。接电话的人马上就开始侃侃而谈，从他的从业经验、对市场的看法，到特定金融产品的优缺点，一样没落。她试了几次都插不上话，感觉只要有机会，这个顾问一定会这样喋喋不休地讲下去，于是把他拉黑了。可是，顾问没有问过她的目标、要求，一个问题都没问。他大谈特谈的全都是些与她的需求无关的东西。她挂断了电话，从此没了动静。他觉得她不是诚心诚意来找财务顾问的。然而，这还真冤枉了她。

问题出在哪儿：这个顾问花了太多的时间来谈论自己，没有留出足够的时间去倾听他的客户想说些什么。他哪里知道这位客户拥有几十年的投资经验。他的本意是先把自己的专业形象树立起来，但由于主导谈话的时间过长，又没能及早提出问题，便传达出了这样一个信息：他不会认真倾听或对待她。对任何营销专业人士来讲，侧耳聆听都是在女性市场上抢占先机的关键。后面我会给各位介绍几个能帮你施展这方面技巧的策略。

这些营销专业人士的初衷都是好的，都想和消费者建立起情感链接，而消费者也确实都想购物。他们之所以没能如愿以偿，最终做成这笔生意，原因在于这些营销专业人士情感链接的想法是建立在对女性刻板印象的基础上，比方说称赞一个女人的外表肯定会赢得她的芳心，或者积极地展示自己的专业知识比倾听更为重要。为了更高效地与现代女性接触，我们需要摒弃成见，弄清究竟如何行事。以下是需要我们极力规避的老套观念：

第四章
第一个驱动：联系　与消费者建立情感链接

- 无论消费者年龄大小，是否是母亲，都不要推定她们已婚。由于离婚率居高不下、社会文化对同居的接受以及多样化、非传统结构家庭的增多等因素，如今，结婚率比以往任何时候都要低。

- 不要认为消费者既然已婚，就会随夫姓。许多女性婚后仍然保留娘家的姓氏。

- 不要觉得女性已婚消费者不是养家糊口的人。从前一章的数据中我们可以看出，女性正日益成为家庭的主要收入来源。

- 别想当然认为她的伴侣或配偶一定是男性。同性婚姻在全美50个州都是合法的。

- 不要以为所有已婚女性都是母亲。现在，没孩子的成年人比以往任何时候都多；也有很多人很晚才要孩子。我就曾采访过一些女性，她们被误认为是自己孩子的保姆，甚至还有被当成孩子奶奶的。

为了能让你在这方面百尺竿头，更进一步，现把和消费者谈话过程中的几个"注意事项"分享给你：

- 当你发现一个女人没有孩子，不要刨根问底地追问原因，除非这些信息有助于她做出购买决定。否则，请尊重她在这方面的隐私。有些女人没有孩子是偶然的；有些女人没有孩子则是自愿的。要礼貌地了解消费者的生活方式，无论男女，一种方法就是谈及一些常规话题，比如她们的一天通常是怎么过的，家里都有谁，或者谁可能会用到她们买的东西。

- 不要对没有孩子的女性说："我猜您是位女强人，对吧？"理由同上。
- 如果有位女性告诉你她只有一个孩子，不要接茬问："难道您不想让您的孩子有个小弟弟或小妹妹吗？"

不管你的出发点有多么好，都要尽量避免发表那些让消费者可能会理解为对她们个人生活说三道四的言论。

◎ 做一下"拿不准"的测验

上面那些营销人员对消费者说的话，如果放到"拿不准"的测验中，都算是不及格。这是一个总括性测验，你只需问自己这样一个问题即可：我会对男性说这样的话吗？本章开始时提到的家具店店员肯定通不过这个测试，因为他不太可能当面夸赞男性消费者的颜值高，也不太可能有人会对一位职场男性说："我猜您是位男强人。"虽然在这些事情上没有规律可以遵循，但有一个基本原则可以供你参考：如果有句话你一万年都不会对男性消费者说，那么在说给女性消费者听之前，一定要三思。当然，凡事都有例外，特别是在对消费者赞誉有加的时尚界和美容业。底线是，让消费者感到你是在帮助她做出最佳选择，而不是在评判与你无关的她的私生活。

既然我们已经介绍了一些和消费者沟通过程中的"注意事项"，那么，怎么做是正确的呢？与女性买家建立情感链接的现代做法又是什么呢？下面我将为你提供一些实用、有效的策略，以及一些表现最好的个人和公司的实践案例。与消费者建立更深入、更持久的情感链接永无止境,无法做到一劳永逸。现在我们就来看看芝加哥一家极好的牙科诊所与患者建立情感链接的案例。

最佳实践案例

常在诊所
没齿难忘

小时候害怕去看牙医的事儿,恐怕人人都会记得。对许多人来讲,这种恐惧相伴一生,挥之不去。想象一下牙医的生活,他们从事这个职业,靠的就是与患者建立牢不可破的关系,让她们愿意克服恐惧心理,定期回来看牙医。

家庭中卫生保健方面的事宜80%都是由女性做主的[1]。选择长期医疗服务提供者(比如牙医)的决定往往要基于诸多因素的考虑,从保险承保到诊疗地点、声誉,还有患者体验等。1983年,缔矢齿科(DDS)集团的斯科特·斯蒂夫尔(Scott Stiffle)在芝加哥创立了常在牙科诊所(ATDC)。光顾那里的不仅有患者,还时常会有没有预约的粉丝们在诊所逗留,就是因为诊所的氛围和人都很有意思。这种场面很常见吗?当然不是。你见过谁没事儿跑到牙科诊所去闲逛的?

患者们都把斯蒂夫尔叫作"斯科特大夫"。他是通过音乐、特别是摇滚乐这种独特的方式来和患者们建立情感链接的。走进他的诊所，就像是去参加一个聚会，每个人都为你的到来感到高兴。斯科特大夫和他的业务合作伙伴、缔矢齿科的杰弗里·沃伊诺（Jeffrey Wojno）用音乐、艺术、幽默，甚至是演出服装来与患者进行链接，帮助他们克服恐惧，放松身心。诊所里到处都弥漫着低沉的摇滚歌曲的旋律；现代艺术作品和音乐家的黑白照片挂在墙上。工作人员在工作外套下面，穿的是黑色T恤，上面的文字插科打诨，都是牙医+摇滚的主题，比如"牙菌斑安息日""牙龈与玫瑰""向拟用牙线者致敬"。T恤上印的话都是斯科特大夫的原创，不过，现在患者们也开始踊跃创作了。时不时还会有T恤用语创作比赛。患者对这种T恤的偏爱不亚于诊所内的工作人员，何况T恤还都是免费派发的。一旦有新的T恤"发售"，诊所的老客户就会马上把它们收集并珍藏起来。

当人们躺在牙科用椅上时，上方的电视屏幕里会闪现出他们穿着诊所特制的摇滚T恤，微笑着对镜头挥手。有张照片是一个患者在婚纱外面套着T恤拍的；还有一张照片，一名患者穿着T恤在水下，嘴里叼着一个呼吸器。照片说明都一样："我们的患者是世界上最棒的。"斯科特大夫还接受患者的歌曲点唱，连供点唱的歌单都备好了。他在牙科用椅之间轮流转场，诊所里充满了他的爽朗笑声。

这种非正式的轻松氛围是精心设计的策略，旨在与患者建立联系，消除恐惧。"我们治好了大家的焦虑症，"斯科特大夫说，"如果我们正襟危坐，就会形成一种障碍和阻隔。所以我们尽量营造一种轻松愉悦的氛围，让患者从中找到感觉。我们在向患者证明，他们并不孤单。我们把患者的焦虑放在心里，从心里感谢他们的光临。一旦他们走进诊所，心头的焦虑便会一扫而光。把恐惧留给我们，快乐自己带走。"

你以为斯科特大夫是千禧一代的年轻人吗？不是，他都已经年逾花甲了。

斯科特大夫和他的团队把患者健康教育放在首位，从而强化了医患之间的联系。"健康的身体从健康的嘴巴开始"这一理念是整个诊所的座右铭，并在临床实践中不断得到强化。工作人员热情地利用牙齿模型来解释牙科诊疗中患者的众多困惑和不解。"令人惊讶的是，多年以来，各牙科诊所接诊的患者无数，可患者却对治疗背后的原因一无所知，"斯科特大夫说，"不明原因的后果是非常严重的。我们的观点是，我们不仅仅是在保护患者的牙齿，我们是在延长患者的寿命。这就是为什么健康教育在我们的诊所里是压倒一切的硬任务。我们不去告诉患者该做什么；我们只是向他们提供信息，使他们能够自己做出正确的选择。掌握了这些健康知识，患者就可以在诊所范围之外和亲朋好友分享。这是我们黏住患者的绝招。"

常在诊所的五星级线上评论令众多小微企业垂涎三尺。在这种轻松随意的氛围背后，潜藏着一种如军事行动般精准的运作。员工接受过严格的培训；预约必须准时开始和结束；不断加大对最新技术的投入；经常安排新患者参观诊所新近采购来的设备和技术。该诊所团队已经掌握了通过实体环境（诊所）和员工互动（人）与患者进行联络沟通的艺术。就像真正的专业人士一样，虽然看上去不费吹灰之力，但他们做得非常到位。如果早这样，害怕看牙医的人就会减少许多。

* * *

◎ 掌握情感链接的精髓

与消费者的联系可以八仙过海、各显神通，你完全可以自由创新、发挥，就像斯科特大夫和他的员工们所做的那样。不过，咱们还是先看几个直观易行的招数，从而为牢固的链接奠定坚实的基础。

每次都要有眼神交流，借此表达友好欢迎之意。

我知道此刻你在想什么：真的吗？这还用说吗？我倒是希望我没说，因为这是显而易见的。不过，我还是要向你发出挑战：作为消费者，每周你能受到多少次友好的欢迎、有过多少次眼神交流？无论你是在杂货店、当地银行，还是在别人公司的前台。友好的问候和眼神交流是常识，但不是常事。很多时候，消费者就那么被简单地忽视了。

女性尤其愿意把目光接触、倾听和尊重联系在一起。当然，眼神交流并不意味着一动不动地死盯着看。它更多的是表达一种认可。在这个物竞天择、适者生存的世界上，那些让人感到不受欢迎或不受赏识的人或商家，不值得消费者去为他们花一分钟（或一美元）。消费者是情侣时，你一定要注意均匀地分配自己的交流眼神。

我采访过的许多女性告诉我，她们进商场是为了买东西，结果却空手而归，因为她们找不到自己想要的东西，也没人招呼或帮助她们，最后只能说："那就算了呗。"

当心，可别开口就谈价。

遇到消费者时，你上来就问："您今天想花多少钱？"在你没弄清她的需求之前，这一个问题就能把你们俩都逼到死角上去。询问需求通常是沟通的理想起点，你可以把自己定位为资源和向导。随后，当你展示了产品的花色品种和选择范围，消费者才可能提到她对价格的满意程度。关键是你要认识到，对女性来讲，价值的概念并不一定意味着选择最低价，而是她们买的任何东西都要物超所值。这就是服务可以大做文章的地方。正如一位研究项目的参与者跟我说的那样，"如果有什么能让我的生活变得更轻松的话，那一定是为更好的服务埋单。比方说，如果我要买家具，我就会问：'能不能帮我把旧沙发弄走？你能帮我安排一下吗？'如果在服务项目上各家没有什么差异的话，我就会挑便宜的买"。

问一些可以打破僵局的问题，这样才能把谈话进行下去。

在零售店里，你注意到消费者关注某样商品，可以这样说来打破僵局：

- "非比寻常，对吧？"
- "挺有意思的，对吧？"
- "（此处插入形容词），对吧？"

在技术层面上讲，尽管这些问题是封闭式的，但它们提供了一种启动对话和建立链接的简单方法。因为此类问题的评论对象是物而非人，所以，它们冒犯消费者的可能性最小。

尽可能体现热情好客。

最近，我走进了一家独立的小商店。一进门就有人问我："想来杯卡布奇诺吗？"这真是一个美味的惊喜。可是，你再回头仔细想想，如今咖啡机都普及到什么程度了，提供一杯咖啡不是轻而易举吗？店主用"卡布奇诺"代替"咖啡"，让人联想到一种奢侈，而且巧妙地传达出了这样一层意思："我不会给你端上已经在咖啡壶里困了三个小时的咖啡。"最重要的是，一杯咖啡就把我这次的购物体验定了调。毋庸置疑，在各种商业和零售环境中，茶点、舒适的座位和热情的欢迎都是提升消费体验的简单方法。几千年来人类就是这么过来的，屡试不爽。那么，在你的销售中，你可以做些什么呢[2]？

不要让同事把好印象毁掉。

无论好坏，你的同事都是你的公司、你的品牌，甚至是你自己的一面镜子。要确保你办公室或销售环境中的每个人，都知道善待——至少是认识到——消费者的重要性，不管他们是否会亲自出

第四章
第一个驱动：联系　与消费者建立情感链接

面照料消费者。所有员工都是叠加印象的重要组成部分，尤其对整体性买家而言更是如此。

对初次光顾的新消费者要加倍服务好。

每一位初次光临的消费者都像是一个小小的奇迹：她们那天做了多少事情，去了多少地方，有多少家商店可以进去购物，可是，她们却偏偏鬼使神差地走进了你的店，在你这里消费。你能做些什么让她们对自己的初次体验心满意足，并且成为你的回头客呢？首先，要把自己的家底摸清楚，知道哪些可以做，哪些做不到。你可以借鉴高端餐厅的做法，像那里的经理们做的那样，经常给员工递眼色，提醒他们留意第一次来店的客人。暗示还可能包括餐桌上不同颜色的餐巾，桌面中央不同的摆饰，或者是一个特别的点菜代码。这样做的目的，是要确保团队每个成员都能认出第一次光临的消费者，并竭尽全力给她留下积极的印象。对第一次光顾你们那里的消费者，你能下这么一番工夫吗？

不要只是欢迎光临，还得要欢迎回来。

如果有回头客登门，你对她说了句"欢迎回来"，而不是简单的"欢迎"二字，就表明了你对她的高度认可。想要获得认可是人类的天性。我曾经和一位女性一起共事，每周一个晚上，她都要去自己最喜欢的餐馆喝半价葡萄酒。不过后来她不再去了，因为尽管一年来她每周都会露面，而且很喜欢那里的菜品，但店主或服务员从来没有认出过她来。她再也不能忍受，跟我说："如果没人认识你，做一个常客又有什么意义？"

"见到您很高兴"常常比"遇到您很高兴"要好。

如果你觉得自己以前可能见过这个人，这么说就更对了。这是一个比较安全的选择。

把名字的发音和拼写搞清楚。

如果消费者的名字是"艾瑞卡"（Erika），其中有一个字母是k；或是"贾丝明"（Jazmine），其中有一个字母是z；或者是一个不常见的名字，你最好相信我说的话，她对此会非常在意。如果你能把她的名字写对并且说对的话，一定会给她留下非常深刻的印象。有些人不好意思问消费者她们的名字怎么发音，于是在谈话中不去提及消费者的名字，以避免出错，这完全是弄巧成拙。当你想要弄准对方名字发音的时候，可以简单地说："我想确保我的发音正确。"消费者会感激你用心把她的名字读对。同时，无论什么时候把名字写对都很重要，即使是你自己觉得很熟悉的名字。例如，"米歇尔"这个名字就有两种拼法："Michelle"或"Michele"。把别人的名字写对，听起来像是无足挂齿，但如果你真写错了，女性可能就会认为："如果他们连我的名字都写不对，他们还能做对些什么？"反之，如果你写对了，她们很可能会想："哇，这个人真行啊。"对女人来说，小事就是大事。当你把细节处理好了，就表明她可以把更大的事情托付给你，比如她们的钱。

找一种便捷的链接方式。

很多酒店的前台工作人员都戴着印有其家乡或州的名牌，是有原因的。这是一个非常简单的与消费者建立联系的方式。"你来自亚利桑那州？我太喜欢亚利桑那州了！"即便大多数职业可能不适合佩戴标有你来自哪里的名牌，但寻找与消费者的共同点的想法是好的。通常情况下，女性倾向于寻找她们与他人的共同点。如果你有间办公室，可以策略性地在里面多放一些能给消费者提供链接机会的东西，比方说纪念品、风光照、全家福、有意思的艺术品等。我采访过一位年轻的没有孩子的营销专业人士，她说会在办公桌上放一张自己和侄子、侄女的合影，因为这能让她与那些喜欢谈论孩子的消费者建立起联系。另外一种建立便捷链接的好办法是了解时事，谈天说地。

到消费者和潜在客户的商业档案中去寻找关联。

在 B2B 销售中，如果能在网上查到一个人的业务资料，你就找不到借口说在与她接触之前对她一无所知了。除了发现你们可能有共同熟识的人和兴趣爱好外，阅读别人的业务跟帖可以让你有机会以一种更加自然的方式建立联系。"有些事情非常简单，只需说'我非常喜欢您在领英网上分享的那篇文章，我喜欢的几点有……'你就一下子和那个人开始了沟通和交流。"负责领英网市场营销的副总裁贾斯汀·施里伯 (Justin Shriber) 如是说。业务资料通常包含某人的教育背景、职业经历、嗜好和获奖情况，从而给你提供了很多可以挖掘、链接的素材。

"准时"意味着提前几分钟。

没人想要迟到，但我们都听说过这句话："通往地狱之路都是由善意铺就的。"现在你就是迟到一分钟，也会引起所有人的注意，因为大家的手机时间都是同步的。在理想的世界里，消费者永远不会等你。约会或者开会时早到，是你尊重别人时间的最重要方式之一。同样的规则也适用于电话会议。把提前 5 分钟打进电话当作你的习惯，如果你以前没有这么做过的话。力争每次都成为第一个上线的人，别因为比消费者晚到而输在起跑线上。另外一个经验之谈就是，在电话会议或会议开始时，重新确认一下消费者有多少时间；在会议按消费者所说的时间即将结束时，再和她确认一下："我们准时结束吗？"如果你邀请某人在上午 10：00—10：30 通话，那么，出于对她时间的尊重，最好在 10：25 分时告诉她你准备结束通话了。假如你需要多一点时间的话，那就问问她是否愿意并且能够延长些时间。

我永远也不会忘记，有一次我以神秘顾客（Mystery-shopper）的身份到一家床垫零售店去买床垫。店员问我："您可以在店里待多久？"我说我只有 10 分钟的时间，随后我们就开始聊起了床垫的事儿。时间在不知不觉中就过去了。她说："按我的表计算，您只剩下 3 分钟时间了。咱们准时结束吗？"我真想给她点个赞。我心里暗想，这位女士比我还珍惜我的时间啊！结果可想而知，虽然贵了点，我还是和她成交了。这就是有钱难买愿意呀！对打电话或电话会议来讲，"咱们准时结束吗？"这句问话是个非常有用的技巧，因为你无法看到消费者的实际参与程度。

让消费者们知道你期待和他们见面。

人人都喜欢那些喜欢自己的人。所以说，做给她们看呀！旅游公司在这方面做得非常好。在旅行团队启程之前，公司会给每位团员发送信息，不仅告知出发和抵达时间，还会说他们期待见到每一位旅行团成员并会为他们接风，此举促进了双方情感的链接。在其他行业里也可以如法炮制。

刻意问一些探索性问题。

大家都知道，探索性问题旨在发现人们的需求并加以满足。尽管这种提问很重要，但不能让消费者产生受审的感觉。避免这种情况发生的办法，就是确保每个问题都有明确的目的性，你可以告诉消费者自己问这个问题的原因。对整体性买家而言，问题的背景非常重要。

着眼未来。

当你和客户或潜在客户谈话时，你就是活在现在，或者像瑜伽课上说的那样，活在当下。然而，当客户听你说话时，她的思绪可能正在飘向远方，飘向未来。即使她对此只字未提，但也可能在想购买你的产品对将来会有什么影响。它有助于改善她的睡眠状态吗？它能把烦人的问题给解决掉吗？这能让她赚到更多的钱，赢得更大的声望吗？因为买了它就能得意得像个英雄吗？它能给她带来更多快乐吗？它能给她的亲人们带来更多快乐吗？它能提高她的生活质量吗？真的省钱吗？总之一句话，她要让自己购买的产品或服务能给未来带来积极的影响。否则，她是不会掏腰包的。

所以你看，她是"人在曹营心在汉"，人在当下，可能和你面对面站着，或是在电话、邮件、短信或微信的另一端，可心思已经飞向了未来。如果她在思考着未来，那你也得紧随其后，着眼未来。你可以给她描绘一下将来，也就是购买你的产品后会是个什么样子。在交流中要多用将来时态，以此来帮助消费者展开想象的翅膀，憧憬将来的那些美好时刻。在后面雷克萨斯的经典案例中，我们对此还会详述。

在 B2B 环境中，给消费者一个先发言的机会。

在 B2B 销售会议上，通常会安排供应商进行长时间的游说——30 分钟到一个小时不等，因交易复杂有时会耗费更长时间。在自我介绍之后，开始你的推销之前，一定要想着停下来问问客户："在我们开始之前，您有什么要说的吗？"这个问题非常重要，它可能会引发出新的信息，从而影响你接下来对产品的定位。

好记性不如烂笔头。

你最近一次讲话时，有人在做笔记是什么时候？我敢打赌记笔记的那个人给你留下了深刻的印象。反正我在讲话时如果有人在记笔记，那我是不会轻易忘掉的。虽然这并不适用于所有的营销环境，但做笔记可以向消费者表明：你在积极倾听；她的话很重要，值得你马上记下来。这个举手之劳有双重目的，因为它还能让你把消费者的各种详细信息及时记录下来。在以后的接触中，消费者会因你能"记住"这些细节而感动。如果你拥有一个良好的客户关系管理（CRM）系统，那就请充分利用它。

找出消费者最重要的优先事项。

了解消费者最重要的优先事项，可以让你们之间的谈话更有效率。如果消费者反响积极，那就能反过来指导你如何为她提供最好的服务。例如，我在很多会议上做过主旨演讲嘉宾。我对会议主办方提出的最重要的问题总是："怎样才能让我的演讲给大家留下深刻的印象？"他们的回答为我提供了一个重要的参考标准，让我据此来满足并有望超出他们的期望。

如果你在看屏幕，最好消费者同时也能看到。

大多数消费者都随身携带着手机，也许就在你面前摆弄着。看屏幕现在是我们大家共同"语言"的一部分。如果消费者坐在你的办公桌前，而你正在使用电脑，那就尽量调整一下屏幕角度，让她也能看得到，假如她看到屏幕上的信息也无妨的话。否则，她有可能打开自己的手机屏幕去看，这样一来，注意力就不在你身上了。

学会感同身受。

"镜像"（Mirroring）一词在营销培训项目中经常使用，但我认为，描述你的行为方式如何适应与你互动的人，用"感同身受"（Empathy）这个说法更为恰当。所谓感同身受，就是要注意消费者的肢体语言、眼神交流、"电量"（Energy Level）和措辞用语。当你和消费者之间产生了这样的共鸣，你就找到了和她们建立情感链接的捷径。

例如，如果你打交道的消费者行为低调，那就不要咄咄逼人，令她退避三舍。我本人天生就很外向，所以，这对我来说始终都是一个挑战。但我也清楚，如果我能把自己的"电量"调整到和消费者持平，那就有希望慢慢地让她活力四射起来。

不管你是否已经意识到，你的工作场所也是有"电量"之说的。一位与我交谈过的殡仪馆馆长告诉我，她必须嘱咐手下的员工，在办公室之间奔波时，再忙也不要在殡仪馆里跑来跑去。因为悲痛欲绝的人们都希望能享受到一种肃穆平静的气氛，而看上去紧张兮兮的员工的奔跑无疑会干扰到逝者家属。

想一想你的营销环境的"电量"。消费者一定能感受得到，它可能有助于和消费者建立情感链接，也可能让她们避之不及，敬而远之。

幽默可以缓解压力。

依营商环境而定，轻松的幽默可以帮助消费者在面对负面体验时感觉好些。我采访过一位名叫考特尼（Courtney）的女士。她在一家汽车经销商的服务部工作，经常为那些因自己过失而肇事的客户提供服务。考特尼说，当她与客户见面时，她们往往感到"沮丧和尴尬"。"我就告诉她们：'欢迎光临本俱乐部。您不是第一个遇到这种事儿的人。'或者我会用幽默的口吻说：'让道牙子给咬了吧！'我会让她们笑起来，让她们放松，告诉她们塞翁失马、焉知非福，尽量不让她们那么紧张。"

找到"不在场的大人物"。

有时候，销售中最重要的人并不是站在你面前的消费者，而在这个消费者心中。例如，我曾经采访过一位女士，她想为家里客房添置一张新床。尽管这张床一年用不上几次，但她还是愿意出高价买一张质量好的，为的就是满足最常来家里的客人——母亲——的需要。因为她母亲住在另外一个州，所以没来陪女儿买床。在这笔交易中，她的母亲就是那位"不在场的大人物"。这种情况相当普遍，尤其对女性而言，因为她们是在代表很多人购物。你的任务就是判定消费者背后那些"不在场的大人物"都是谁，从而回应她们的关切，增加你的成交概率。

运用好礼貌策略。

礼仪是女性文化的重要组成部分，也是女性在销售互动中极为看重的东西。当销售人员没有使用礼貌用语时，她们往往会觉察得到。当你多用礼貌用语的时候，你可能会看到一个反应更快的听众。例如，要问"我可以吗？"而不是"我能吗？"

和消费者沟通时，多问，别猜。

我曾经和一位新认识的网球教练上过一堂入门课。作为学员注册过程的一部分，我必须在表格里填上我的电话号码——这没什么呀，我想。上完第一节课后，在我决定继续学习之前，教练动不动就给我发短信，说些一些杂七杂八、和课程无关的事情。我觉得这些短信具有侵犯性，尽管我给了他我的电话号码，但发短信这事儿，他从来没有征得我的允许。而且他也没有表明自己的身份，最开始的那几条短信我都不知道是谁发的。

当你跟消费者沟通时，一定要询问她们喜欢的沟通方式。每个人是不同的：有些人喜欢用电子邮件；有些人仍然喜欢打电话；还有一些人只想收到短信。在确认消费者已经把你添加到她的通讯录之前，一定要在给她发的短信里写上你的名字。短信营销有很多讲究，要熟知那些与你有关的规则。

交友需谨慎。

尽管你可能热衷于同新消费者见面，并觉得能谈得拢，很合得来，但如果对方是你的新客户或潜在客户，而你又对她不太了解，那么在用你的个人社交媒体账号与她交友之前，还是要三思而后行。在你认为双方是真正的朋友之前，最好还是坚持使用业务账号来保持联系。这样做有几个重要的原因。首先，你要避免把自己的客户置于尴尬的境地。比方说，她可能不想在脸书（Facebook）上"加你为好友"；她可能认为你的请求往好里说是冒昧的，往坏里讲是不专业的。即使真的把你加为了好友，她也有可能根据你的过去个人发帖对你形成不同的看法。因此，除非你真的和消费者成为朋友，否则在处理个人社交媒体联系时要倍加谨慎。建议还是使用或创建单独的、专业的账号来开展业务，这样你就可以尽情地邀请消费者关注和跟帖了。也可以在专门为此而设计的类似领英这样的专业网站上和消费者保持联系。

别过早地说"我保证"这样的话，免得自己的信誉受损。

有一次，我走进一家商场，销售代表跟我打招呼说："我们有贷款选项，但我保证，在你没选好之前不会谈钱的事儿。"我发现他的话说得太早了，而且有点刺耳，因为他确实提到了钱。诸如"我保证不谈钱""你不想要的东西我保证不卖给你"或者"我保证不要价过高"这样的话，都会败坏你的信誉、搞砸定价策略、辜负消费者对你的信任。

问问消费者讨厌什么。

如果你所在行业——比如家居装饰或时尚配饰业——的产品花色繁多，那么问问消费者不喜欢什么款式和颜色，别问他们喜欢什么，这样选择起来就比较容易。这种购物方式会出乎消费者的意料，让她们感到精神一振，你们自然也就建立起了链接，开始淘汰式采购。当你能为他们的选择提供保障时，这种策略也会自动让你站在她们那边。这种策略几乎是放之四海而皆准的。例如，如果你是从事 B2B 销售的，那就问问你的潜在客户，上一家服务供应商的哪些方面她不喜欢，结果可能就会对你非常有启发。这种策略还可能把你捧红，因为，至少你和"那些人"不一样。

别嚼其他消费者的舌头。

只是给你提个醒：要抵挡住诱惑。这只会给你带来不好的影响，而不是其他消费者。如果你经受不住诱惑，说其他消费者的闲话，消费者就会想知道，你在她们背后会怎么议论她们。

巧妙地答对多个客户。

在零售店和繁忙的业务环境中，但凡是员工－客户比率较低的地方，同时应对好多个客户是司空见惯的。有多少次，你站在员工面前，耐心地等着他（她）接待别人，而他（她）竟然忙得连头都不抬一下来承认你的存在？这种行为会令消费者怒火中烧。大多数情况下，只要对方与你交流一下眼神，并举起食指表示马上就会过来，或者低声说："马上就来"，你是会有耐心等下去的。对消费者表示一下最起码的承认，这个问题便可迎刃而解。

要善待孩子和陪伴他们的大人。

消费者可能和其他人一起购物，比如孩子，而这些孩子对你的工作场所并不感兴趣。为了让她的购物体验更愉悦，你就要表现出对孩子们同样的欢迎和接纳，好让消费者轻松地完成她的购物使命。这一目标可以通过许多创造性的方式加以实现，但有一个简单的做法，那就是在店内多放置一些椅子[3]。正如我们所知，智能手机已经消除了人们的枯燥和寂寞之感。有时候人们所需要的，只是有个能坐下来的地方玩玩手机。所以你处处都得用心，因为没有什么比无聊的、焦躁的孩子更能快速为购物画上句号的了。

切记：不要以衣取人。

许多女性告诉我，当她们和销售人员互动时，对方总是看衣下菜碟，感觉一点都不好。1990年摄制的、荣膺第48届美国金球奖的电影《风月俏佳人》（*Pretty Woman*），主演是朱莉娅·罗伯茨（Julia Roberts）和理查德·基尔（Richard Gere）。片中有一个非常有名的场景：因为穿着打扮的原因，女主角遭到了比弗利山庄罗迪欧大道一家精品店销售人员的冷遇（他们觉得她看起来很"寒酸"）。销售人员没有意识到这个女人很有钱。最终，女主角在其他店里砸下了大把钞票，然后又回到了销售人员无视她的地方。"还记得我吗？"她问，"昨天我来过。你们不是不接待我吗？"说着，她抬了抬手中拎着的一大堆购物袋，"简直是大错！特错！"[4]

第四章
第一个驱动：联系　与消费者建立情感链接

鉴于我们所生活的社会崇尚奢华休闲，黑色瑜伽裤可以与夹克搭配，还被人视为正装（我自己也这么穿过），那么，根据消费者的衣着来判断她们，不仅可能会像电影里说的那样错失良机，而应当算是大错特错。我曾经采访一位女士，她感觉自己的休闲装给人留下了不好的印象。她说："我真想喊两嗓子，我有两个硕士学位！有没有搞错？！"

运用好回力镖策略，避免谈及过多个人信息。

当你发现与消费者之间的链接点很多时，更要避免海阔天空地谈论自己的经历，这点非常重要。事实上，除非你们已经是朋友，否则消费者通常不会对你的个人经历"感冒"，如果这些经历与你销售的产品或服务有关联的话，那就另当别论了。许多营销失败的罪魁祸首，都是销售人员分享了过多的个人信息。自我意识在这里至关重要。我从销售人员那里分享了她们的许多个人经历，从消化问题到拇趾囊肿，偶尔还会抛出一句"我给你看看我身上的疤"，而她们面对的完完全全是陌生人。

当然，她们不是你。不过，沉迷于个人经历滔滔不绝的叙述是件很容易的事情。聪明的做法是，介绍自己，与消费者建立足够的共同点后便适可而止；或者强调一下为什么你正是她要找的知识渊博的人即可，而不是讲起来没完没了。我在此向各位推荐一个"回力镖策略"（Boomerang Strategy）。这个技巧的精妙之处在于，首先确认你和消费者之间的共同之处，随后便把话锋一转，直接回到消费者身上来，听她继续讲述她的故事。谈话可以这样来进行：

消费者：我刚从迪斯尼乐园回来。

销售人员：是吗，这么巧！几个月前我刚去过那儿！是不是非常棒？我很喜欢。你最喜欢什么项目？

消费者：我孩子可喜欢太空山了。其实，那天队排得老长，但后来我们看到……

话说到这儿，话题已经安全地转到了消费者那里。在和消费者交谈过程中，要始终牢记这一策略，并像扔澳洲土著人的回力镖那样，随时准备把话题扔回去。她们一定会觉得，你可真是个会聊天的人。

不过，当你对她所感兴趣的产品或服务恰好有切身体验时，重要的例外就来了。在这种情况下，和消费者分享你的一手经验和观点，是建立情感链接的有效路径之一。

在尴尬的情况下动用团队营销。

我们可能经常会发现自己根本没办法搞定消费者，并不是我们自身的原因。这种情况下，不要犹豫，果断请一位队友来帮助你做消费者的工作，让大家皆大欢喜。

避免"误伤"。

不要说同事、老板或你工作的坏话。从消费者的角度来看，不仅对你没什么好处，还会损害你的信誉。

第四章
第一个驱动：联系 与消费者建立情感链接

最佳实践案例

创新办公解决方案公司
在商业化业务中建立情感链接

把回形针和高级业务策略一起卖给同一批客户，堪称是客户关系的伟大胜利。创新办公解决方案公司（IOS）的首席执行官詹妮弗·史密斯（Jennifer Smith）每天忙的就是这些事情。该公司是美国最大的女性拥有的独立商业产品经销商。总部位于明尼苏达州的这家价值1.3亿美元的办公用品和家具公司，是这个以价格驱动、商品化著称的行业中的翘楚。长期以来，该行业的服务对象一直以女性买家和决策者为主。公司的指导原则是"关系重要"；客户保有率在90%左右。对于任何想要加深与客户关系的人来说，该公司的做法都具有指导和借鉴意义。

创新公司销售各种办公用品，从香皂到办公桌，应有尽有。数字技术对办公用品业务产生了巨大的影响。"人们使用的纸张、文件夹、文件柜、订书机和碳粉越来越少，"史密斯说，"我们必须重塑自我，与时俱进。"寻找新的利润增长点，赢得消费者的忠诚，始终是创新公司的首要任务。他们紧紧围绕以客户关系为中心的战略布局谋篇，最终成为业界翘楚。让我们来学习一下其中的三个战略。

一、提供解决方案，而不仅仅是产品。创新公司最基本的策略，是将公司的产品从笔和手纸等事务性产品逐步扩展到更富有情感吸引力的领域，比如，企业文化咨询和办公空间设计。史密斯表示："我们的行业已经完全商品化。我们非常清楚，必须通过提供解决方案，而不单纯是产品，才能把公司做大，向更高的层次迈进。"创新公司提升了办公家具、室内设计和企业品牌的创新能力，为其销售团队与消费者探讨企业文化和人才招聘等话题时打开了方便之门。随着沟通的深入，客户群也会渐趋扩大。创新公司的销售对象也开始从普通行政人员向高管层转变，因为一个公司的办公环境和文化是决定人才争夺战胜败的重要因素。史密斯说："当你能帮助一家公司把他们的企业文化搞活时，你们的客户关系自然就会提升到一个更高的水平。"创新公司用企业文化策略助力其他公司发展的能力可谓非比寻常，因为他们还同时向这家公司出售手纸。

二、创建关系管理团队。"对我们这个行业的客户来讲，最令她们感到头疼的事就是联系呼叫中心，和她通话的人却不认识她。"史密斯说，"而且每次购物时都得和不同的人打交道。"为了消除这一痛点，名曰"工作室"的创新公司关系管理团队便应运而生，专门为每个客户提供个性化服务和跨类别产品采购的支持。"这不仅让客户感觉和我们打交道时更加轻松便捷，也使得我们能在缩短她们的供应链和降低软成本的基础上展开营销，毕竟她们的供应商从七个减少到了一个。"

三、给员工授权，放手去解决客户问题。第三个策略是建立健全机制，让公司的每个人都能当场把客户的问题解决掉。这个机制叫作"一步到位"。"无论是司机还是会计，如果客户不满意，每位员工都有权一步到位地解决问题，而不需要等待其他人的批准。"每个月，创新公司都要举办一次内部活动，凡是有一步到位帮助客户解决问题的经历的人，都可以在活动中和同事分享他们的经验或教训。"起初，没人愿意承认自己做错了什么。"史密斯说，"在涵养文化方面我们是下了一番功夫的。在这种文化中，从保有客户关系出发，人们学会了用不同的视角来看待各自的经历。一步到位解决问题就要不遗余力，立足长远，在同事们面前把这些经历分享出来，进而形成了我们自己的企业文化。如果你的整个团队都有高度共识，清楚自己的目标是什么，也知道如何为之做出贡献，你的客户就一定能够感觉得到。他们会想：'我要和这家公司合作。'"

* * *

创新公司的成功彰显了专注于客户关系建设的强大力量。史密斯认为，公司稳固的客户关系将支撑他们渡过未来可能遇到的难关，实现可持续发展。"现在，就连办公家具都在商品化，所以一切都要回归到与客户建立良好关系的问题上。这样他们才会信任你，并愿意购买你推出的任何产品。"

重点打包

● 在深化和客户的联系上，你的创造力永无止境。斯科特大夫创意营造的摇滚乐＋健康知识普及＋轻松愉悦的氛围，全面折射出了他的个性和兴趣；创新办公解决方案公司则通过企业文化战略等情感投入的解决方案，扩大了自身产品的供应范围。

● 在人际关系层面与女性买家建立联系，意味着寻找双方的共同点，避免过时的刻板印象，并借助语言和眼神的交流来表明你在积极倾听。

激活思路

● 想象一下，有人觉得自己和你公司的联系如此紧密，她甚至都想把你们的标识印在身上。听我说，这可是头脑风暴！别忘了，已经有人把哈雷戴维森(Harley-Davidson)和耐克(Nike)的品牌标志纹到身上了。你能做些什么让消费者对你如此忠诚、难舍难分呢？把你的想法列出一个清单，选其中一两个最重要的加以落实。

● 目前，你与消费者联系的三种主要方式是什么？你如何能以此为基础，和她们建立更深层次的链接呢？

第五章

第二个驱动：鼓励

鼓励消费者和你做生意

第五章
第二个驱动：鼓励
鼓励消费者和你做生意

人们会告诉你，他们不喜欢"被销售"。但事实的真相是，我们不是不喜欢"被销售"，而是喜欢从那些用激情和知识点燃了我们消费兴致的人那里购买。这种时候，我们并不觉得自己"被销售"了，而是感到我们得到了帮助；我们的生活在一定程度上因为这些体验而得到了改善。鼓励会以最意想不到的方式出现；在最不可能的行业——甚至是鼠害防治——中发生。没错儿，是鼠害防治。如果一位以灭鼠为生的人能让你享受到鼓舞人心的客户体验，那任何人都不会把他拒之门外的。我就亲历过这样的事，下面讲给你听听。

我居住的芝加哥市区有五栋房子正在建设之中。有一天，《社区通讯》发出了警报：由于附近大兴土木的原因，人人喊打的害虫（小眼睛贼亮、长着尖尾巴的那种）开始在社区里到处乱窜。我觉得有必要给虫害防治公司打电话，可别让这些老鼠跑到我们家里来。我以前从来没有购买过这种服务，之所以选择这家公司，完全是因为看到了大众线上点评的缘故。

预约的那天早上，门铃响了。我打开门，面前站着一个高个儿男子，留着浓密的胡子，戴着镜面太阳镜，身上的文身很是抢眼。他做了自我介绍，把名片递给我，然后请求允许进屋，这让我觉得他非常有礼貌。等我们在客厅落座后，他问我给他们公司打电话，一定是有什么需要帮助的吧。在我向他说明情况时，他就那样静静地听着，没有打断我。然后，他问我对啮齿类动物了解多少。我说："一无所知，等于零。"他点了点头，问我是否想多了解一点都市老鼠的生活习性，以及他能做些什么来防止它们溜进我的家门。我很好奇，便答应了。随后，他给我上了一堂简洁的关于啮齿类动物生与死的大师课，这是我从来没有听到过的。

至于其中引人入胜的细节，在这里我就不去赘述了，但给我留下最深印象的是他谈及他们公司解决方案的方式。他一开始就说："这就是在灭鼠这个问题上我们和竞争对手做的不一样的地方。"然后，便解释了他所认为的别人无法比拟的灭鼠过程。我真有些喜出望外，他显然为自己的工作感到自豪。在生活中，我从来没有遇到过像他这样对灭鼠这项工作如此饱含激情而且知识渊博的人。

地球人都知道，灭鼠是一个容易被人奚落的行业。可是，这个人并没有拿工作开玩笑；他对灭鼠的职业生涯没有一丝嘲讽之意。他以严肃的使命感和客户进行沟通交流，这个使命就是保护我的家园。他把自己的服务从"鼠害防治"提升到了"家园保护"的层次，从而也提升了我的情感投入。预约之前，我只想在市场上找到最简单的解决方案；等到我们之间的谈话结束，他卖的东西我都照单全收。令我感到欣慰的是，截至本书付梓之际，我们家里存活下来的动物，都是本应当存活下来的。

虫害防治的营销恐怕是最没有吸引力的服务之一，这一点人所共知。然而，我和这家公司却有过一段非常棒甚至是鼓舞人心的消费体验。当那位业务员离开我家时，我觉得自己比那天早上醒来时更聪明了；我了解了一门以前一无所知的学科；我为一个潜在问题找到了解决方案；我找到了一个可以信赖的服务供应商；而且最重要的是，我认为这钱花得很值，花在了对的人身上。这次体验足以说明，在营销方面，热情是会传染的。当你对自己所做的事情充满激情时，无论你销售的是什么，人们都会做出相应的回应。

当营销专业人士让女性享受到了称心如意的消费体验时，她们几乎总是这样对我说："那个人并没有向我推销什么；他们只是想帮我的忙。"这就是鼓舞人心的消费体验应当带给人的一种感觉：非常有帮助，满意程度远远超出消费者的预期。

◎ 掌握营销鼓励的精髓

不一定把事情想得那么复杂，简单的做法就是：你得说出什么或者做出什么来，才能让消费者脱口而出"厉害"？为了能让你找到感觉，我们将把两家互不相干的公司——加利福尼亚州自行车零售商和全球管道制造商——的最佳实践案例简述一遍。但首先，咱们从能对消费者起到鼓励作用的基本要素谈起。

不要只想到销售，还得要培训。

让消费者觉得正是因为和你做生意她才有茅塞顿开之感，这应当成为你追求的工作目标。向消费者表明，为了让她们了解相关知识，你是做出了投入的。这一定会让你有所回报。在适当的时机，可以向消费者介绍一下你的行业或工作范围，而不仅仅是你的产品，就像那位鼠害防控专家和斯科特医生所做的那样。记住了，无论你呈献给消费者的是什么产品或服务，其实你就是在卖一样东西，那就是帮助[1]。

了解你们公司的历史、使命和价值观。

如果消费者从来没和你们公司做过生意，那就先把你们公司的历史、使命、价值观和特点说给她听，以此来建立情感链接。消费者都希望和她们做生意的人和公司能给她们留下好的印象，对女性以及年轻的男女顾客来说尤其如此。

通过介绍流行趋势和畅销品种来促销。

对别人买的东西感兴趣是人的天性，这也是电子商务几乎总是把畅销书作为一个商品类别的原因之一。谈论其他消费者喜欢什么是一种行之有效的锚定技巧。它可以帮助消费者将注意力集中在几个选项上，也等于是提供了一种保障，因为人多势众，安全啊。不管你如何操作，有一点你应当做到：那就是在消费者询问之前，要想办法把什么最流行、什么最畅销这个话题提出来。

把隐形的产品属性指出来，让它的价值凸显出来。

消费者很有可能看不出来你所提供的产品或服务的每一个

第五章
第二个驱动：鼓励
鼓励消费者和你做生意

有价值的特性。你就想想消费品中的隐形材料吧。比方，思高洁（Scotchgard）面料拒污剂、偏光镜片、性能材料和耐风化材料等，不胜枚举。不要先入为主地认为消费者对这些属性已经有所了解，一定要把它们一一指明并强调它们的价值所在，让她意识到物超所值。当你这样做的时候，要把注意力集中在那些值得一提的细节上面，因为消费者可能转身就会讲给别人听。想象一下房屋建筑商在说："这幢房子的天花板，比其他建筑商盖的要高出一英尺，会让你感觉空间更大。"当这位消费者带朋友们参观她新家的时候，她一定会把这句话原样复述一遍。这还用说嘛？

要调动起各种感觉：女人购物时，视觉、嗅觉、味觉、触觉、听觉全能派上用场。

女性非常注重细节和氛围，从香水、灯光到音乐，再到检查产品的触感，可谓包罗万象。我经常听到女性把人类学（Anthropologie）品牌店、乔氏超市（Trader Joe's）和宜家家居（IKEA）这样的商场列为她们最喜欢的购物场所，因为在里面会有各种令人惊喜的感觉体验。每逢周末，我家附近的马里亚诺（Mariano's）杂货店里都有一位钢琴师在收银台附近进行三角钢琴现场演奏，为排长队等待结账的消费者营造了一种轻松愉快的氛围。在评估你自己的业务时，看看在你的店里能调动起来消费者多少感觉。能再增加一个吗？

亲自动手演示。

在销售过程中，不要让消费者成为被动的观察者。只要有合适的机会，就邀请他们触摸和感受一下你的在售产品。在你们谈论材质和隐形的产品特性时，动手演示会起到意想不到的效果。例如，"您掂量一下这木材的重量"，或者"您感受一下这些钛架有多轻啊"。在你的业务中，有没有可以自然而然地用上演示技巧的地方？

给产品起一个鼓舞人心的名字。

名字起得好，能给最常见的产品和服务增添趣味和个性。很早以前，指甲油品牌就谙熟此道：像欧派（OPI）的"我不是真的女招待"和易泽（Essie）的"芭蕾舞鞋"都闻名遐迩，堪称经典。如果你的产品没有鼓舞人心的名字，那就不妨起几个。在这方面服装业给我们带了个好头。如今已投奔到沃尔玛（Walmart）麾下的前独立零售商美代服装（ModCloth）公司有个习惯做法，就是给自己的产品起些引人注目的名字，比如"骑车穿过布鲁塞尔的 A 字裙""会议上装之星"和"浮船游览连体泳衣"。该公司联合创始人苏珊·科格（Susan Koger）曾在一次采访中告诉我："我们把服装视为内涵，而不仅仅是商品。"[2] 这种策略适用于任何行业。如果做得好，产品命名会激发你的想象力，让你把一个故事娓娓道来。你该如何利用这个策略来激励消费者呢？

创造能够激发情感投入的体验。

露露柠檬（Lulu Lemon）和阿仕利塔（Athleta）等体育服装零售商提供店内瑜伽和健身课程；家得宝（Home Depot）超市为儿童和成人提供"自己动手"工作坊；威廉姆斯 - 索诺玛（Williams-Sonoma）

第五章
第二个驱动：鼓励
鼓励消费者和你做生意

公司提供烹饪课程。围绕你所销售的产品和服务，你可以组织哪些相关活动，能做哪些文章呢？为了激发自己的灵感，你不妨经常跳出自己的行业去看看他山之石，到那些创意频出的公司去做个实地考察，比如意大利超市餐厅（Eataly）和美国娃娃（American Girl）公司。如果你是从事 B2B 销售的，那就想想可以举办什么样的研讨会，或有什么样的体验可以创新。

讲述快乐的客户故事。

讲述快乐的客户故事，为营销对话加持了第三方可信度，而且还经常能有效地激发灵感。人们都喜欢听到别人的成功经验。例如，"我们有几个客户用这种家具把他们的客房变成了家庭办公室。其中一位告诉我们，她非常喜欢家庭办公室，甚至还在家里开始了一项新的业务。"平时留心把最好的客户故事收集起来，并随时准备把它们用在和客户的沟通中。这些故事的重要性怎么强调都不过分。也许在你和消费者的谈话中，这部分内容给她们留下的印象最深。这些故事也给你提供了一个宝贵的机会，去证明你的知识是如何为别人带来改变的。

鼓励评论。

要鼓励消费者写评论。虽然这听起来像是个简单的策略，但我遇到过许多营销专业人士都不好意思向消费者提出这样的要求，这完全可以理解。然而不论好坏，我们生活的时代就是一个靠评论和客户评价来吸引新客户的时代。许多人为了方便客户，都建立了可以应询进行网站评论的超级链接。在征得消费者允许的情况下，你可以将最好的评论和营销材料置于网站上的突出位置。如果你在领英网上，也可以请消费者直接在你的个人资料页面上写推荐评语。收集评论的方式是多种多样的，例如，我们当地的发廊就鼓励顾客在离开发廊前就对自己的发型发表评论，发表评论的顾客能够享受到打折优惠。唯一需要注意的是，发表的评论不能和国家、州和网站法规的要求相抵触。

展示你的企业如何让世界变得更美好。

人人都希望自己的东西买得有意义，对女性买家来说尤其如此。如果你还没能把这一点清楚地表达出来，那就先问问自己："当消费者在我这里购物时，商品向她展示了什么？"来看看汤姆（TOMS）鞋业公司的吸引力吧。这家公司的"展品 A"（Exhibit A）大型系列商业创意非常鼓舞人心，令人目不暇接[3]。消费者每购买一双正品汤姆鞋，该公司就会捐出一双鞋给没有鞋穿的儿童。他们的眼镜、咖啡（捐赠饮用水）和箱包系列产品（捐赠成套助产器械并赞助技术熟练的助产士）也都有类似的创意举措。在这方面，目标（Target）公司却是另辟蹊径。长期以来，该公司一直与顶级时装设计师合作，推出了设计新颖但价格实惠的服装和配饰。许多独立零售商则纷纷打出了"买点小东西""自主购物"和"支持地方经济"的旗号，鼓励消费者进店选购，以此来凸显他们在活跃地方经济方面所发挥的不可或缺的作用。你的产品或服务是如何或多或少地让这个世界变得更美好了呢？如果你从事的事业是伟大的，那就得想办法让大家知道，不要想当然地认为地球人都知道。你的创意之举，可能会改变你与其他商家的竞争均势。

善于形象思维，在设计上舍得投入。

好的设计能令人欢欣鼓舞。以往，女性更多的是在时尚和服装产品方面看重设计，而如今，在更广阔的商品世界里，设计已成为女性购物的决定性因素。设计可以在很小的商品中体现，比如拉克鲁瓦（LaCroix）香水瓶，也可以在很大的产品上彰显，比如特斯拉（Tesla）跑车。你看，我的舒洁（Kleenex）纸巾盒就像是出自《建筑文摘》（*Architectural Digest*）杂志里的作品；我酷酷的橙色街舞（Poppin）订书器看上去也别具一格[4]。

当然，设计并不仅仅是华而不实的样子货。它和产品的性能与服务的质量息息相关。这就是为什么涉及设计时，服务企业总有捉襟见肘之嫌，没有从根本上摆脱困境。无论是网站、零售店，还是呼叫中心、应用程序，消费者都希望能够看到直观的甚至是优雅的客户界面。我们姑且将其称为"苹果（公司）效应"或"目标（公司）效应"。从底线思维的角度看，再也不能把设计与市场和营销功能割裂开来，它们骨肉相连。精心设计的产品和消费体验可以帮助你卖出个好价钱。你自己的产品或服务应当如何通过设计来实现华丽转身呢[5]？

提供完整的解决方案。

女性的整体性购物风格为你提供了捆绑销售的好机会。比方说，在一家商场工作的你，遇到一位消费者正在为她家的客厅物色一盏新灯。她一边看着，一边可能在想那盏灯将会给整个房间带来怎样的变化。她又联想起可能还需要一块新地毯、一把新椅子，甚至重新来一次里里外外的大粉刷。这就是行动中的大局意识。在你的生意中，考虑一下如何对商品进行自然的配套捆绑，并确定与之匹配的价格。即便她们对你给捆绑好的商品不感兴趣，但是你捆绑购买的想法，可以激发她们自己亲自动手搭配。再深入一点讲，消费者是否可能收藏你所销售的产品呢？

关注给现实生活带来的好处。

产品规格和行业术语会影响你的营销，让你和消费者之间的沟通显得晦涩难懂。如果你所从事的行业充斥着术语，那就挑战一下自己，尽量减少术语的使用，并且把你介绍的每个产品特性都和现实生活中的一个好处对应起来。你还可以通过类比来说明问题。例如，在眼镜行业，偏光镜片价格不菲，但并不是所有人都知道"偏光"意味着什么。我听到过这个行业里的营销专家做的一个非常棒的类比："偏光镜片就像是你眼睛的防晒霜。"那么，你自己的产品可以怎么去类比呢？

强调消费者身边的人将如何沾光受益，并对她们购买的东西给予积极评价。

避免遭到社会排斥是我们人类的天性。一旦你用发现型思路找出了消费者背后、缺席的有影响力的人物——虽然不在场但对销售至关重要的人，一定记住要向消费者强调，她背后的那位也将因为她的决策而从中受益。

把背景故事讲给消费者听。

有些产品和服务的背景故事可能非常有意思。也许你们公司在消费者反馈的基础上创造了一个新产品；也许你们设计师的灵感来自一次珠穆朗玛峰登顶；也许你们公司是美国唯一一家对某种材料有独家代理权的公司。让消费者了解你们产品、服务和设计背后的故事，它们是你和消费者沟通时的很好谈资。向宜家家居学学吧：他们就经常在店内展示其产品设计师的照片和故事。

化腐朽为神奇；想想自己的标识。

推销空间的方式，可以让你卖的任何东西都更有价值。这就是为什么许多人在出售房子之前，会在房间里摆上精美的家具和艺术品；他们希望藉此能把房子卖出个好价钱来。如果你把营销环境看作一个舞台，那就要考虑把标识和装饰全都派上用场，让它们把戏配好。

从零售的角度来看，标识往往是销售和品牌建设没能利用上的要素。当然，标识无处不在，但它们大多是指示性的或信息性的。我曾经在罗威（Lowe's）大型家居装修连锁店看到过一个鼓舞人心的标识，给我留下了非常深刻的印象。那天我正穿过一条通道。那里陈列着一些让我提不起兴致来的商品，比如，散乱地装满了橱柜把手的篮子。当我从这些东西旁经过时，一抬头看到了一条促销的横幅，上面写着："橱柜和食品储藏室的解决方案：闹中取静。"我不由得停住了脚步。横幅为这些纯粹功能性的橱柜把手平添了一丝情感上的慰藉。

然后，我沿着通道继续往前走，发现有几套塑料餐具烘干架正在出售。真没劲，我想。恰在这时，我又看到了另外一条横幅："台面和水槽的解决方案：把无聊变成美丽。"我琢磨了一下：说的也有道理。如果你的厨房干净得一尘不染，那不叫美丽叫什么？

最后，我转过拐角，映入眼帘的是我能想象到的最乏味的产品：放在厨房抽屉里的塑料银器架，怎么里面还满是面包屑？我向上一看，只见横幅上写着："抽屉解决方案：始乱终序。"这又是一个令人怦然心动的信息。让我难以忘怀的是，罗威店将普通的产品提升到了一个鼓舞人心的程度。如果连橱柜把手和塑料银器架这样的东西，在罗威店里都可以实现凤凰涅槃的话，那么，你难道还不该想想如何为自己的产品打一场翻身仗吗？

评估一下自己的谈话素材。

既然我们在讨论标识问题，那现在也许到了盘点你的谈话素材的时候了，看看它们是否鼓舞人心，是否具有包容性，是否与现代女性息息相关。要避免犯下列错误，把它们当成前车之鉴[6]。

错误一：夸大对女性的刻板印象。 一般说来，除非你所从事的是时尚和美容行业，或者在为乳腺癌患者筹款，否则，不要过多地使用粉色来向女性推销。当然，凡事总有例外。但在中性行业里，当目标消费者是女性的时候，过度使用和完全采用粉色，可能会被视为频落窠臼之举。比较理想的是，即便使用粉色，也应该将其作为众多颜色中的一种。同时，还要审慎地对待女性的其他典型形象，比如红色高跟鞋、钱包和红唇印，除非你正在销

第五章
第二个驱动：鼓励　鼓励消费者和你做生意

售这些产品。

错误二：使用过时的语言。"女人"这个词听起来通常比"女士"更时髦，尤其是如果你从事的行业刚开始跟女性打交道。需要记住的是，语言会随着时间的流逝而发生改变。比方说，"空中小姐"这个词已经演变成了"空中乘务员"。与时俱进是每个人的优先选项。同时，还要注意别用"女性"（Females）这个词来指代女人群体，因为复数形式的女性群体似乎缺少些人情味。可以尝试着用"女人"这个词。

错误三：把女性看为被动的观察者。仔细审查一下你所使用的照片，千万别都是被动地摆着姿势的女性照片。在营销圈里，人们更经常地把男性而非女性看成"营销活动的代理人"。只盯着别人做事的女性形象，已经脱离了现代女性生活的现实。在挑选网站和演示文稿里所使用的库存照片时，多采用"主动的"照片，只要能负担得起，一定要买质量上乘的作品。

错误四：把女性完全排除在外。即使在今天，许多行业仍然知错不改，完全把女性排除在视觉形象之外。最近，我去了一家机场租车公司，那里挤满了排队等候租车的女性消费者，可是，楼里每张海报上的形象都是男性——好像只有男性才租车。因此，要找出自己的盲点，确保你的视觉形象中有女性。

最佳实践案例

福尔索姆自行车公司
让灵感看起来像骑自行车一样简单

如果你销售的是自行车,那你一定希望尽可能多的人都来骑自行车。然而,对于不会骑自行车的人来说,走进自行车店可能是一种令人生畏的经历。艾琳·戈雷尔(Erin Gorrell)和丈夫威尔逊·戈雷尔(Wilson Gorrell)在加利福尼亚州福尔索姆市(Folsom)开办自行车零售店的原因也就在于此。今天,假设你在其中一个店里稍稍多逛一会儿,就会发现戈雷尔夫妇俩卖的不仅仅是自行车,更是灵感。而且可以说他们是精于此道:如今,福尔索姆自行车公司已经是自行车盛行的北加州最大的自行车零售商。他们的业务发展壮大的历程,为终日绞尽脑汁激励消费者的商家提供了宝贵的经验。艾琳·戈雷尔这样说:

"在做商业计划的时候,这个行业给我的感觉是客户服务匮乏。我自己就是一名自行车爱好者。在国内各地逛自行车店时,我发现女性在那些地方常常不招人待见。所以,当我自己开店的时候,我自然就想到要走好客路线。我要成为自行车店里的零售巨头诺德斯特姆(Nordstrom)。我要把自己的生意做得像干杯酒吧(Cheers)[7]那样,让每个人都熟知我们店的名字。"

为了营造出这种氛围,戈雷尔夫妇在店里设了一个咖啡吧,名字叫"福尔索姆转起来"（Folsom Grind），座右铭是"先转杯，再转自行车"。它已经成了福尔索姆自行车车友会的圣地，是自行车发烧友聚会社交的中心。"任何一种运动都会演变成一种人以群分的社区活动，自行车运动也不例外，"戈雷尔说，"我们的目标是，如果你住在这个地区，想骑自行车，你就知道要来找我们。咖啡吧是我们实现这一目标的载体，经营得非常成功。"戈雷尔说，她想让大家来她的店，就得给大家创造一个不令人生畏的理由。"有什么能比一杯咖啡更不令人生畏呢？它不会让你破费太多，谁早上还不喝杯咖啡呀？于是，我们专门辟出来1200平方英尺的室内空间，外加一个大的户外露台。"

戈雷尔称，咖啡吧里经常挤满了顾客、车友、朋友和"平民"。在骑车运动前后，他们都会聚在这里，一起喝咖啡、当地啤酒和葡萄酒，谈起最近运动的情况。戈雷尔夫妇刻意营造了这么一个环境，让大家可以在咖啡吧和店里逗留、聊天，到处都有坐的地方。"我们在店里的服务台前放了吧台凳，还有沙发、椅子。我们想要消费者与我们的员工互动，哪怕在一起闲聊一会儿也好。"戈雷尔说，"我们想认识他们，也想让他们认识我们，这样才能把消费者当成一辈子的朋友来处。"员工们隔三岔五地为不同年龄、不同爱好、不同健康水平的人组织集体骑行活动；还组织培训班；邀请嘉宾演讲；举办一年一度的女人、葡萄酒与山地自行车骑行等活动。她说："我们一直在做播撒种子（激励）的事。"

"我们整个业务的重点,是要告诉消费者:这个人可能就是你,"戈雷尔说,"在那座山上的可能就是你;在那条路上的也可能就是你;买了辆新自行车的还可能就是你。一切的一切都在于我们给消费者的感觉,他们能记住的也就是那种感觉,我们想让消费者感觉良好。"

福尔索姆自行车公司的另外一个愿景,就是激励和迎合女性消费者。戈雷尔夫妇开了一家名叫"像女孩那样骑车"的精品"店中店",出售T恤衫、水瓶和一些饰有店名的特色商品。这个店名是艾琳·戈雷尔起的。"反响非常好,"她说,"女性消费者对此非常感激,因为她们不必再东奔西走到处寻找适合自己的东西了。自行车运动主要是男性的运动。作为女性,你不希望一进店就感觉底气不足,好像缺点儿什么。你要的是开心,熟悉情况,还有那么一点儿兴奋。我们能为消费者做的恰恰就是这些。"

* * *

◎ 激励顾客有助于杜绝"展厅现象"

对于实体商家来说,提供打动人心的服务对于遏制展厅现象(Showrooming)至关重要。所谓的展厅现象,指的是到实体店里查看商品,然后在网上以更低的价格购买。艾琳·戈雷尔虽然经常能遇到发现网上自行车有价格优势的消费者,但她知道如何打动她们,并通过自己的个性化服务把她们争取过来。

第五章
第二个驱动：鼓励　鼓励消费者和你做生意

"您没法在互联网上骑自行车，"戈雷尔说，"互联网也不可能了解您买车的用途是什么，而我们却可以通过积极的倾听来弄清您的用途。打个比方说，您在网上看到一辆自行车，想用它在太浩湖（Lake Tahoe）一带坡骑，可这辆自行车却可能不适合下山时的骑行。而我们要做的是，确保您选对了车，装对了件，跑对了路。然后您再骑上它感受一下，看看真正的刹车是什么样的。我们陪您到马路对面的自行车道上，给您准备几辆车，您可以换着骑车上山。等最后比较清楚了，感觉也找到了，再决定买哪辆车最好。给我们个机会来挑一辆和您在网上看到的价格差不多的车，届时我们会送货到家。我们向消费者充分展示了这次消费的价值所在，同时还增加了额外的免费服务项目(如送货上门)，进而表明我们所提供的服务是互联网望尘莫及的。"

◎ 提防那些令人扫兴的东西

激励消费，是福尔索姆自行车店消费体验的核心。根据我对女性的研究，激励式消费体验都属于特例而非规律。要想为消费者提供流连忘返的体验，一定要避免以下这些令人心灰意冷的东西：

- 表现出对你所销售的商品缺乏兴趣；
- 目光游离，躲躲闪闪，眼睛不看人；
- 当谈及自己的工作或产品时，不是一味挖苦就是牢骚满腹；
- 把注意力从消费者身上转移到自己身上；

- 经常看手机,分散消费者的注意力(如果你是为了消费者的这笔生意在打电话,那就向她们解释清楚);
- 总是犯些类似拼写问题的低级错误;
- 迟到。

最佳实践案例

科勒有限公司
激励无处不在,包括厨房的水槽

如果你正在装修浴室,想买一个新的水槽,那么在商场里销售的水槽,哪种陈列方式让你看到了更有购买的欲望:是成排固定在墙上的,还是安放在漂亮的浴室样板间里的?

当然是样板间里陈列的,只不过在零售环境中这样的布置不多,毕竟它们要占去宝贵的营业面积。这对管道系列产品来说是一个挑战,因为没有足够的空间来展示像莲蓬头、马桶、水龙头和铸铁浴缸这样的产品在家庭环境中给人的感觉。为了克服这一不足,全球制造业巨头科勒公司(Kohler Co.)打破了管道行业的常规,创建了自己的直接面向消费者的门店,鼓励消费者用科勒产品建造自己的梦想家园。该公司推出了两个零售概念:科勒品牌店和科勒体验中心,为希望将自己的品牌做活的企业提供了弥足珍贵的经验。

* * *

第五章
第二个驱动：鼓励　鼓励消费者和你做生意

◎ 梦想、设计、门店

走进科勒品牌店，宛若满足了你所有曾经有过的关于房屋装修的幻想。空间里满是浴室和厨房用的各种款式和颜色的漂亮小装饰，琳琅满目的木橱柜、瓷砖、现代灯具及各种零配件相辅相成，连香皂盒看起来都像是精美的艺术品。

科勒公司卖场和展场营销总监米歇尔·基尔默（Michelle Kilmer）说："我们根据消费者的需求对门店进行了逆向设计。我们的消费者80%是女性。我们向消费者传达的信息主要集中在三点：梦想、设计、门店。"她解释道："我们还提供专业的设计服务，让消费者与安装专家对接，因为我们想把主导权交到消费者手上。"

规模业已扩大了的科勒体验中心是科勒品牌店的升级版，对产品的展示更加精细入微。消费者不光能看到，还可以触摸到花洒、手持喷雾棒和水龙头里喷洒出来的水；她们甚至还可以带上泳衣，来中心的"水疗室"进行私人淋浴体验。是的，你可以用某一款淋浴器进行试洗。这种做法给沉浸式品牌体验的概念赋予了全新的内涵。

你可能不是伴随着"管道商场"的发展而长大的，因为以前管道行业是批发业。2005年，随着美国经济逆势上扬，科勒公司也开始尝试对管道行业的业态做出改变；家园频道（HGTV）一路走俏；室内设计从《建筑文摘》杂志上的坐而论道悄然进入大众市场。仿佛一夜之间，人们突然有能力去打造自己梦想的浴室和厨房。

于是，科勒公司占得先手，推出了科勒品牌店，从而成为采用面向消费者直销战略的第一家管道制造商。在这些品牌店推广之前，消费者很少有机会看到科勒风格化广告宣传中所展示的那种豪华浴室和厨房设计。那时，像室内设计(Houzz)和品趣志这样的网站还没有面世。除非有人参观过管道产品展场，或者聘请了专业的室内设计师，否则想要在现场一睹科勒产品可没那么容易。因此，科勒制造商激励了零售消费者的购买欲望，帮助她们展开想象的翅膀，去想象科勒产品能给她们的家带来的翻天覆地的变化。

通过创建自己的面向消费者的直销渠道，科勒能够前所未有地在同一屋檐下展示公司的各种设计、产品、价位以及企业发展历程，同时保持着高标准的客户服务水平，以便和刺激消费的营销环境并驾齐驱，相得益彰。正因为房屋建造与装修的决策蕴含着较高风险，所以优质服务不可或缺。消费者心里也都很清楚，盖房子、装修都是几十年的大计，一用就是好多年，所以谁都不想出错。科勒品牌店提供收费的零售设计专业服务，成为业内第一个吃螃蟹的，最终逐渐发展成为为零售消费者提供厨房和浴室装修的一站式服务门店。

这些品牌店还为科勒公司扮演了B2B的角色。科勒贸易渠道中的合作伙伴——管道工、承包商、建筑师和室内设计师——纷纷把他们的客户带到店里来，工程上所需要的东西，在科勒一家就能全部解决了。每个门店都由一家当地的管材分销商特许经营。这意味着消费者在科勒品牌店消费时，她们支持的是当地经济，得到的却是一个全球品牌；尽享了当地购物的便利，又因购买了名牌产品而换来了日后的高枕无忧。

科勒下一步有什么举措？该公司计划继续推出新店。目前，科勒在美洲有30多家店，在中国有超过900家品牌店。他们还引入了在线(虚拟)浴室设计服务。基尔默表示："我们的目标是，无论消费者人在何处，我们都要满足她们的需求。"

重点打包

● 做什么(你的产品)、如何做(你的服务)、在哪做(你的实体空间)、为何做(你的使命和价值观)、你是谁(你独特的个性和风格)，凡此种种，均可用来鼓励消费。科勒和福尔索姆两家公司在这方面为我们提供了很好的范例，实现了殊途同归的营销目标。

● 激励消费者购物的行为，可以引导他们重视你的指导，克服价格顾虑，选择和你而不是竞争对手做生意。那位灭鼠业务员通过把灭鼠服务提升到家居保护的高度，有效地激励了我对他言听计从，甚至不惜高价购买了他的服务。

激活思路

● 动听的客户故事对潜在客户和新客户是一种激励。鉴于此,可以考虑创建一个"快乐客户故事库"(HCSR)。它是你最吸引人的、最鼓舞人心的客户故事的合集。把它们存在一个文件夹中,以便将来和消费者沟通时加以引用。如果你们是团队作战,那在建库项目上也要进行协作。这样就可以共享彼此源源不断的客户故事了。

● 想想你都做过哪些事情,让消费者惊喜地大呼"厉害"?还可以从哪方面努力去创造更多这样的"高光"时刻?比如科勒体验中心的试浴和福尔索姆自行车公司的试骑。你能以现有的服务项目为基础,来个锦上添花吗?

● 当消费者觉得某样东西能改善她们的生活时,她们终将会因受到激励而出手。如果消费者购买了你的产品或服务,她们的生活会变得多么美好呢?

第六章

第三个驱动：信心
让消费者对你和你的产品有信心

第六章

第三个驱动：信心 让消费者对你和你的产品有信心

在职业生涯中最耀眼的那次演讲中，我遭遇了大多数男性从来不需要担心的那种自信危机。那是在拉斯维加斯，演讲开始前一个小时，有人把我引领到了后台去见化妆师。她专门负责为重要演讲嘉宾梳妆打扮，为的是让她们在舞台上能精彩亮相，一鸣惊人。我在椅子上坐定后，化妆师便开始给我化妆。我很快就意识到面前连个镜子都没有，根本看不到她把我化成了什么样。房间没有窗户，四壁空空。我在那里一坐就是 45 分钟，感觉好像她在我脸上抹了上千种化妆品。

我一般不怎么化妆。随着演讲时间的迫近，我越来越感到不自在。她在我脸上都忙活了些什么？我暗自在想。

终于等到她结束，我站起身来，走到房间的另一头去照镜子，想看看化妆后的"效果"。我一下子都认不出来自己了。这辈子在脸上化过的妆加在一起也没她这一次的多。鲜红的唇彩，厚厚的黑色眼影……这看上去哪里是"精明能干的企业高管"啊，简直就是一个"拉斯维加斯舞女"！接下来的十分钟我是在惊恐中熬过来的。上台演讲之前，我让化妆师把脸上的妆全部卸掉。这次经历现在想起来依旧让我感到心有余悸。它非但没让我自信心爆棚，反而令我自卑到极点。我心想，这种事情要是用丝芙兰（Sephora）化妆品的话就绝对不会发生。我敢打赌。

为什么在那一刻我居然想起了丝芙兰？因为我对美容产品的信心，是这个品牌给我树立起来的。有这种信心的人可不止我一个。丝芙兰隶属法国奢侈品集团路易威登（LVMH），在全球34个国家有2500多家门店，是世界上首屈一指的专业美容产品零售商[1]。由于在营销产品和消费体验上双管齐下，牢固树立了消费者信心，丝芙兰才能在业内一枝独秀。

最佳实践案例

丝芙兰

自信是美丽的

整个美容业都以销售自信为出发点和立足点。我在拉斯维加斯噩梦般的改头换面或许是别人梦寐以求的模样，但这绝对不是我想要的。在一个如此主观的行业里，零售商们是如何来提振消费者信心的呢？丝芙兰手里就掌握着打开成功之门的金钥匙，其极具参考性的创新战略值得所有品牌去仿效。因为无论你销售的是什么产品、何种服务，最终一锤定音的一定是信心。

丝芙兰的销售助理——公司将她们称为美容顾问——走的是一

第六章
第三个驱动：信心 让消费者对你和你的产品有信心

条技术与"模拟"消费体验相结合的路子，从而帮助消费者拾起对她们购买的丝芙兰美容产品的信心。"我们的门店就是一个舞台。美容顾问们和客户进行真正的互动和演示，而不单纯是交易，"丝芙兰美国市场全零售执行副总裁玛丽·贝丝·劳顿（Mary Beth Laughton）说，"我们用技术来实现与美容顾问专业知识的互补……让她们更具营销力。"

丝芙兰门店有200多个品牌。美容顾问必须迎合消费者各种各样的需求，从自助产品的补充（"我最喜欢的那款口红用完了，想买支新的"）到妆容的改变（"我准备换个样子"），再到闹着玩的试妆（"我想试试那种鲜艳的光影粉"），等等。她们所使用的工具，就是该公司自己的能迎合消费者不同口味的美容技术。这些技术可以帮助美容顾问把该公司花色繁多的品牌产品推介给消费者，让消费者对自己购买的产品充满信心。

每个行业都有自身的消费痛点。在美容业，有一个问题格外突出：找到与某人肤色完美匹配的产品。这对于需要最先涂抹到脸上的妆容"基础"——粉底来说尤其困难。可供选择的粉底数量多得惊人：仅丝芙兰品牌就有130多种不同的粉底系列和3000多种不同的色号。由此也带来一个很现实的问题：女人们会告诉你，动不动就会买错粉底。因为在门店的荧光灯下，粉底看起来很棒，但是换个照明环境，效果就相去甚远了。为了解决这一痛点，帮助消费者对自己的选择充满信心，丝芙兰与以配色系统闻名的彩通公司（Pantone）合作开发了一款名为"颜色智商"（Color IQ）的工具。

具体做法是这样的：丝芙兰美容顾问拿着一个手机大小的手持测试设备，对准消费者的脸，拍摄几张不同的皮肤照片。一旦图像被捕获，数字化工具就会给消费者分配一个颜色智商码。有了这个个性化颜色智商码，消费者便可以识别出和她肤色相匹配的丝芙兰所有系列的产品。该技术的应用将产品营销的概念提升到一个全新的水平，并且惠及诸如护肤品和香水的其他类别产品。

美容业赖以增强消费者信心的另外一个领域就是化妆美容。这是美容业的一项主要业务。消费者在化妆后一脸不开心地离开，这是谁都不愿意看到的情景，就像我在拉斯维加斯遭遇的经历那样，因为显而易见，如果她对自己的妆容不满意，她就不会购买用在她脸上的那些产品。为了提升消费者的信心，丝芙兰开发了一种名为"丝芙兰虚拟艺术家"（SVA）的增强现实工具，让消费者能看到自己各种带妆照。美容顾问可以借助于这种工具，协助消费者在美容开始前选择她们最喜欢的造型。"这有助于美容顾问提前与客户讨论她们期待的妆后效果，"劳顿说，"这是思想的交汇和心灵的沟通……令客户的信心大增。消费者可以通过丝芙兰网站和应用程序直接购买这种测试工具，宅在家里就能坐享它的增强现实功能，'尝试'不同的护肤品颜色和妆容效果。"

丝芙兰还将经典的化妆体验转化为收集消费者数据的机会。美容顾问会收集在美容过程中用到的产品信息。待美容结束时，她们会将这些信息发送给顾客，供她以后购买产品或复制该造型时参考。

通过多种多样的方式，丝芙兰利用技术来推动消费者对一度良

第六章
第三个驱动：信心　让消费者对你和你的产品有信心

莠不齐的美容业信心的构建。该公司还在旧金山运营着一个创新实验室，努力在营销策略上不断推陈出新。当我问劳顿女士她们公司对未来的数字战略有什么规划时，她告诉我：没有数字战略，只有消费战略。

"我们把消费者的需求而不是技术，作为我们公司一切的出发点，"劳顿说，"我们会先看市场，然后问自己，技术或创新在解决这些问题上能扮演什么角色？比方说，我们虽然没有人工智能(AI)战略，但是我们正在设计的旨在满足消费者需求的消费体验，可能会用得上人工智能技术。这就是我们的思考方式。运用技术并非仅仅为了给市场增添点夺人眼球的新鲜玩意儿。在这方面我们一直很小心。"

* * *

◎ 掌握消费信心的精髓

你不必非得成为丝芙兰那样规模的企业，才能让消费者在与你互动中感到自信。销售中从来就没有什么包治百病的灵丹妙药。下面给你介绍的，是一些提高消费者信心的基本技巧，大多数都没有成本。

要对选项数量有所控制。

太多的选择会让人挑花了眼，最后变得无所适从。如果你的问题恰当，而且技术运用得当(比如丝芙兰的颜色智商技术)，你就应该能够将消费者的产品选择范围缩小到一个简短的推荐表上。在推动消费者做出购买决策方面必须要有策划和营销，这是证明你的业务能力和专业知识的一个主要做法。

别把话一个人说了。

在谈话过程中注意适当停顿，让消费者有"气口儿"问问题或提出自己的关切点。提问要贯穿你和消费者谈话的始终，确保抓住她们的注意力。消费者问的问题越多，你就越有机会给出好的答复，帮助消费者建立信心。在和消费者电话沟通过程中，因为看不到对方，多问问题就显得尤为重要。你可以问类似这样的问题：

- "谈到现在您觉得如何？"
- "这符合您的预期吗？"
- "您还有哪些问题我没有涉及？"

同时，要让消费者明确知道你在倾听。这可能不是每个人都能自然而然地做到的。从文化层面上讲，女性在交谈中期望通过点头、"嗯嗯"或"听起来很有意思"等反应来鼓励说话者继续说下去。当和女性消费者打交道时，无论是打电话还是面谈，明确无误地表明倾听的行为，对男女两性营销专业人士来讲都非常重要。有时，只需要简单重复消费者说过的话就好，以此来证明她的话你已经听明白了。例如："您的话我听得一清二楚——我们的报价中不含运费。"

快速跟进。

我从女性那里听到的最大问题之一，就是营销专业人员不做跟进。你想想，在我们和消费者的沟通方式少得可怜的情况下，不善

第六章
第三个驱动：信心　让消费者对你和你的产品有信心

加利用营销机会不是莫大的讽刺吗？缺乏跟进的现象在营销界非常普遍，有时你能拿下一单生意，不是因为别的，就是因为你是第一个或唯一一个及时跟进服务的人。这意味着主动作为的人就会有大把的机会，尤其是对那些销售周期较长——消费者定下来购买可能至少需要 10 次以上的互动——的行业来讲更是如此。跟进建立信任；信任促成销售。

要明白女性是如何定义价值的。

你现在知道了，对女人来说，价值并不一定意味着最低的价格，它往往意味着，我买的东西物超所值。因此，在营销中，向她们强调商品的长期保值或二手转卖价值等卖点是一个值得肯定的做法。你们的产品能用上二十年吗？有保修吗？它能给消费者的房子涨身价吗？这会帮助她们吸引更多的人才进到她们的企业里工作吗？它的功能多种多样吗？它可以派上不同的用场吗？对 B2B 和消费营销来讲，做好购物策划对女性消费者尤其重要，因为她们在做出购买决策时，往往代表着身后的一大群人。她们经常发现，自己不仅要考虑到别人的意见，还得向别人解释她们的决定。帮助消费者认识到你所销售产品背后的价值——而不仅仅是价格——是帮助她们建立信心的最重要方法之一。

为消费者备好关键问题，让她们问问自己。

在自己和竞争对手之间建立区隔的方法之一，是开列一份问题清单，也就是消费者在购买你们的产品或服务之前可能问到的问题。它们可能是你营销资料的一部分。在理想情况下，它们能展示出你的能力，并使自己的业务能够准确地满足消费者的需求，因为你对所有问题都能给出肯定的回答。下面是为一家假想的 B2B 公司开列的模拟问题。你也不妨尝试着为自己的业务想出 5~10 个问题。

一、公司有帮助你进入全球新市场的能力吗？

二、公司是否每季度更新一次业务情况以使你了解相关进展？

三、公司是否为你提供教育资源和手段？

这里的模式你看明白了吧？你是要让公司成为消费者自然又明智的选择。

切记：对女人来讲，小事就是大事。

正如你在本书中读到的，对女性买家而言，细节就是可信度的标志。建立消费信心的最好策略之一，就是专注于正确的细节上。正如前面所提到的，当你把"小事"做好了的时候，女人会自信地认为，你是值得托付做大事的人，比方说和她们做生意。女人可能会注意到的一些可信度指标如下：

- 在交谈中，你的发音和语法正确；
- 名字拼写正确；
- 守时；
- 能说到做到地去跟进；
- 门店和办公室环境整洁；
- 线上表现专业。

让消费者"赢一次"。

每个人都在寻求一场胜利。那一点点额外的胜利会让人觉得他或她占了上风,赢得了超出购买价格的东西。当你不能在价格上做出让步时,让消费者感到"赢一次"就显得格外重要。举个简单的例子:我到市场上去买辆新自行车。我在当地一家商场里试骑了一辆新越野自行车后,店主说:"如果您决定买这辆自行车,我就免费送您一个符合人体工程学的女用自行车座。"说着,他把自行车座递给我看。从逻辑上讲,我知道买那个自行车座也花不了几个钱。事实上,很可能他已经把车座的成本计入了自行车的价格。然而,在那一刻,我还是感觉自己赢了。这一招也可以用来激励你的客户消费,女性事后会把这一"小胜"告诉她的朋友;在社交网络上也会于"不经意间"提到此事。把这些案例都搜集起来,以后会成为你和消费者交流时很好的谈资。

把你个人带来的价值展示出来。

如果你从事的是服务行业,消费者或许意识不到你在幕后为她们购买的产品或服务所做的一切。她们怎么可以这样呢?哪天闲下来的时候,你不妨这样做一下试试:把你为消费者所做的一切都写下来,这些事情她们可能从未见过。将这个清单作为资料存起来,在适当的时候向消费者展示一下你究竟为她们提供了什么样的价值。这种"爆料"所产生的效果可能会非常惊人。如果你不这样做,消费者怎么会知道你个人在交易背后所付出的努力呢?

确保你的在线形象是可信的。

就成功营销而言，保持专业在线形象就如同呼吸一样重要。保守点儿说，如果没有一个专业的线上形象，你的可信度就会受损，尤其是当你想吸引年轻买家的时候。最起码的一点是，专业的在线形象能够向那些还没有见过你的潜在客户表明，你是一个真实的人，一个实实在在的存在。更有意义的是，专业的个人资料可以传达你的资历、你服务的消费者类型以及你的个性。"买家使用社交档案来确定与他们交谈人的资格。"领英网站主管销售和营销解决方案的副总裁贾斯汀·施里伯，结合最近一项针对B2B线上买家和卖家的研究指出，"以前，主要是销售人员想方设法去了解买家；而现在，情况刚好相反。"如果你还没有这样做，建议你优先建立一个专业的网上档案，并使用高清照片，把你想要向消费者传递的形象准确地传递出去。

做一件小事，立刻显示出你的可信度。

信誉是由大大小小的努力逐渐积累起来的，而且往往是微不足道的行为反倒给人留下了极其深刻的印象。在和客户建立联系的初期，就要注意重承诺，积小善。例如，如果你告诉客户"15分钟后我给您回电话"，那就要按答应的时间准时把电话打给对方，以证明消费者可以信赖你，因为你说到做到了。

明珠不能暗投，要把你赢得的奖项、荣誉和好评公之于众。

餐馆和发廊把媒体对自己的宣传报道贴到墙上是有原因的：可以对店家的信誉产生立竿见影的效果。把第三方授予你的奖项、荣

第六章
第三个驱动：信心　让消费者对你和你的产品有信心

誉以及公众好评、媒体报道和宣传公之于众，是帮助消费者建立对你所销售产品信心的一种非常可信的方式。

不过还是得提醒你一下，有些行业对"被推销"甚至是成为"消费者"（比如患者）的想法都颇为敏感，诸如金融服务、医疗保健、保险等，那么在这种情况下展示自己获得的营销奖励时就要谨慎。设想一下，你提醒消费者她是你完成的销售指标中的一个，她能高兴吗？如果你在这些行业中供职，并且从你公司或供应商那里获得了一个包含"销售"字样的奖项，那你不妨问问可否把有关表述重新组织一下，使它看起来更像是一个以客户为中心的奖项。这样，即便你把它公开展示出来，也不至于让消费者感到不自在了。

问问消费者有什么顾虑。

在你引起消费者的兴趣之后，问问她对你们所讨论的内容是否还有什么关注点和顾虑。把问题摆到桌面上来，你就有机会了解消费者可能没说出口的问题，进而解决这些问题。

把保修、退货或换货规定以及消费者预期的售后服务交代清楚。

在风险四伏的购物过程中，女性的脑海中往往很快会浮现出所有最糟糕的情况。她们会权衡利弊，并评估如果出现了什么问题，她们是否能指望上你[2]。这意味着，积极主动地处理好她们所期待的售后服务和沟通十分重要。保修、退货和售后服务可以成为建立信任对话的重要组成部分，在这方面可别"短斤少两"。

让你背后的资源和团队成员闪亮登场。

向消费者展示你拥有的资源，可以极大地增强她们的信心。如果你是团队作战，那就向消费者说明，他们也是消费者的坚强后盾，随时准备为任何需求提供驰援。

别把消费者蒙在鼓里。

信息号称"社交现金"。女性倾向于把自己看成"活到老，学到老"类型的。为了保持作为专业信息源的状态，你每天都得抽出些时间来研读消费者、竞争对手、市场趋势和行业动态。要尽可能多地与消费者分享趋势和潮流方面的动态信息，主动上传一些可读性强的文章；就业内问题创作或发送一些能体现你自己思想和观点的帖子。

了解你的竞争对手；时刻准备着说明自己的与众不同和优势。

准备好和消费者探讨你的产品或服务与最强劲竞争对手有何差异。令人震惊的是，有那么多人不去做这种有意义的比较，甚至也不清楚不同之处。我曾经以神秘客户的身份走进了一家住宅建筑公司，问样板房里的置业顾问："你们的开发项目和街对面的小区有什么不同？"他答道："我觉得都差不多，就看你想买什么样的了。"这个回答根本看不出来有什么差异化竞争优势。"就看你想买什么样的了"这句话非常令人扫兴，跟没说一样。如果置业顾问顺势介绍一些可供消费者参考的信息，那情形可就大不一样了，他就可以极大地激发消费者的购房信心。

通过提及交换条件来提高你的可信度。

生活中的每件事都是某种形式的交换，你所销售的产品和服务也是如此。消费者对此心知肚明。当你主动提及两种选项之间的交换条件时，你就向消费者表明你很坦白，做事"敞亮"，没有掖着藏着什么，从而增加消费者对你的信心。

让消费者知道产品是如何随着时间的推移而不断改进的。

如果你的产品是消费者一生中购买次数有限的东西，那就一定要让她们知道这种产品已经变得越来越好。举例来说，假如小时候每逢暑假你都是在爷爷奶奶家凸凹不平的折叠沙发床上度过的，那么，长大后你可能会对买折叠沙发床这事儿犹豫不决。事实证明，如今的折叠沙发床非常棒。在过去的十年里，有很多产品发生了巨大的变化。消费者可能有根植于过去经验的先入为主的观念，这无疑会妨碍销售。在适当的时候，问一下消费者她上一次购买你们的产品是什么时候。如果从那以后你们的产品已经有了显著的改善，一定要让她知道。

让消费者看到你如何善待他人。

消费者一直都在关注着你如何对待他人。这不仅仅指你如何对待自己团队中的成员，她们还在留意你如何对待每一个人，从餐厅服务员到出租车司机，再到行政助理，都算在内。因此，要在所有场合的举止言谈中表现出自己是一个礼貌、善良之人，值得消费者信任你，把辛苦赚来的钱花在你这里。你善待他人的行为会让消费者相信，你也会善待她。

把自己的错误处理好，让消费者对未来充满信心。

当你妥善地处置了一个错误，消费者最终会对你更加忠诚，比你没犯错误时还要忠诚。我曾经遇到过一位杂货店经理。他总是深情地回忆起他在面包食品部犯的一个错误,而且津津乐道。一位女士为一次教堂活动订购了两个蛋糕。当她来店里取蛋糕时,发现两个蛋糕都弄错了。因为是特殊定制,所以客户的焦虑不安是可以理解的。为了补救自己的过失,经理道了歉,免收了两个蛋糕的费用。随后他做的一件事,让这位女士和她的朋友们成了他长期的、忠诚的客户。那就是在接下来的一个月里,每逢星期日,他都会免费给她往教堂送去两个蛋糕。这位女士非常高兴,逢人便讲。教堂里的人在过道上拦住经理,纷纷向他做自我介绍,并感谢他来送蛋糕。经理从最初的错误中赢得了新的客户,因祸得福。他处理这件事的方式增强了消费者对他的信心。

解决错误的同时别忘了沟通。

错误总是会发生的。有时,需要花上一些时间、分几个步骤来加以解决。就错误管理而言,让消费者知情、了解每一步的处理进展至关重要。隐瞒不报会使问题复杂化,只会让消费者越来越生气。我们都见到过这样的场景:机场航班长时间延误,航空公司却不向乘客提供任何信息,不做任何解释,乘客不抗议才怪呢。定期的沟通有助于化解高涨的情绪,让消费者相信你能控制住局面,并会积极去解决问题。消费者想要的就是你"到位"的感觉。

对定价有信心。

在当今我们所生活的世界里,消费者不仅能够做到货比三家,而且在很多情况下,他们连公司的批发价都了如指掌(或有根据地猜测),这已经改变了许多商业谈判的性质。面对网上汽车价格信息

第六章
第三个驱动：信心　让消费者对你和你的产品有信心

随处可见这种情况，我们来看看一家汽车制造商是如何妥善应对的，对诸位会很有启发。

最佳实践案例

雷克萨斯
在专营店建立消费者信心

几十年来，讨价还价一直是购车者的一个痛点。她们往往缺乏信心，认为如果不使出浑身解数来争取，经销商是不会给她们一个公平价格的。如果你经营的是一个豪华汽车品牌，你该如何应对，甚至在消费者走进店门之前就赢得她们的信赖呢？如果你是雷克萨斯(Lexus)的话，你就会另辟蹊径。

雷克萨斯推出了一种名为"雷克萨斯+"的经销模式——预付车款，一口价成交。在截至目前的数十个"雷克萨斯+"的专营店里，车上标出的定价就是消费者支付的价格，不能讨价还价。这意味着消费者再也不用担心买一样的车，钱却花得比别人多。没有"我去找经理说说，请在这等会儿"这种情况，每个消费者都享受点对点服务。

我参观过位于宾夕法尼亚州匹兹堡的罗瑞奇雷克萨斯（Rohrich Lexus）店，考察了这种新的经销模式。"我们现在的购车体验是围绕客户来设计的，而不是价格。"罗瑞奇汽车集团(RAG)的负责人、多家汽车经销店的店主凯文·惠伦 (Kevin Whalen) 说,"消费者支付的车价极具竞争力,而且一视同仁,大家再也不必为此争执,所有人的价格都一样。"多年来,惠伦见证了消费者期望值的巨大转变。人们在网上找车所花的时间几乎是线下的三倍[3]。这意味着消费者走进经销店时,已经成为买卖双方"一锤定音"的关键时刻。这怎样改变了营销专业人员所扮演的角色呢?

"'有什么能为您效劳的'时代已经一去不复返了,"惠伦说,他指的是销售人员的标准打招呼用语。"科技提高了消费者的期望值。销售人员不仅要精通汽车本身,还要精通雷克萨斯车主体验的方方面面。"

随着价格这一焦点问题的消失,"雷克萨斯+"关注的重点便从购买转向了拥有。"我不必花上好几个小时来让客户相信雷克萨斯这款车一级棒,"罗瑞奇营销专业人士戴夫·克拉格斯顿 (Dave Clugston) 说,"她们早就已经知道了。我需要做的是让她们体验一下。我的方法是向她们展示每天开车的感觉,以及使用语音技术等功能是多么简便。我会把她们引荐给客服部,帮助她们约好提车和送车的时间,怎么方便客户怎么来。我会对客户说:'你需要做的只是把车开走,剩下的交给雷克萨斯来办。'最终的成交,靠的是我以雷克萨斯车主的体验来进行的营销。"

透明的定价,辅之以现身说法的"车主"长期体验的加持,对女性买家构成了极强的吸引力。"女性对'雷克萨斯+'营销模式体验的美誉度更高,"援引全美经销商大数据的雷克萨斯客户服务副总裁佩

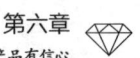

第六章
第三个驱动：信心　让消费者对你和你的产品有信心

吉·特纳(Peggy Turner)证实，"与传统的购物体验相比，她们感到预付购车流程更容易掌控。客户在整个购车过程中只与一个人发生直接接触。我们还了解到，她们更有可能推荐别人到'雷克萨斯+'经销店去买车。"

"雷克萨斯+"是在汽车价格信息满网飞、客户（特别是年轻客户）期待车行定价透明的情况下树立客户信心的一种举措。这种模式适合所有人吗？未必，至少现在还做不到。对有些人来说，砍价是一个由来已久的传统，就像感恩节一定得吃火鸡、过年一定得吃饺子一样。但是，在今天这个转型时代里，就像所有其他事情一样，一旦消费者体验到了新选项的轻松和便利，更重要的是，对它们抱定了信心，更广阔的市场可能便会接踵而至。毕竟，在这方面是有先例可循的：二手车零售商车美仕（CarMax）已经在一口价的基础上建立了自己的商业帝国；土星（Saturn）汽车公司在被通用汽车(General Motors)关闭之前，走的也是定价运营的路子；特斯拉和开市客(Costco)仓储量贩店也都是不容讨价还价的卖家；美国各地许多品牌的经销商也大抵如此。

* * *

正如我们所看到的，向消费者灌输信心，既是大动作的成果——像"雷克萨斯+"车行定价策略，也是小举措的作用——如日常人际互动。那么，作为商业地产最大交易商之一的仲量联行(JLL)，又是如何向客户灌输信心的呢？请看下面的访谈。

125

> 她生意
> 如何精准吸引女性顾客

最佳实践案例

仲量联行国际董事兼总部事务局主席

梅雷迪思·奥康纳访谈录

梅雷迪思·奥康纳 (Meredith O'Connor) 是房地产专业服务公司仲量联行的一名高管。她做的业务和项目都堪称头条交易。她曾代表丰田公司将其北美总部从加利福尼亚州的托伦斯（Torrance）迁至得克萨斯州的普莱诺（Plano）。这是现代历史上最大规模的公司搬迁之一。2018年，她还代表丰田和马自达公司高调选择在阿拉巴马州亨茨维尔（Huntsville）投资16亿美元建厂。作为土生土长的芝加哥人，她还代表巴拉克·奥巴马基金会 (Barack Obama Foundation) 将奥巴马总统中心 (Barack Obama Presidential Center) 的地址选定在芝加哥市。就这个层次的交易而言，如果不能赢得客户的信心，操作就根本无从谈起。我和奥康纳聊起了她是如何做到的。

* * *

您的客户会如何描述您？

我倒是希望他们会说，我是他们需求的不懈倡导者。我总是把客户放在第一位。

您如何让自己与众不同？

我发现，告诉别人你能帮他们省钱，是一种吸引注意力的做法，至少能让他们好好听你要说些什么。但同样重要的是，得有一个好的脚本。你得要经常问问自己，关于你的工作，你能讲出什么最好的故事来？你应当如何去设计这个脚本，让它最终成为你自己的业内实践呢？生活的意义就在于此。我们仲量联行的一个好故事，就是我们知道如何去保守秘密。丰田从托伦斯到普莱诺的搬迁，是历史上保密工作做得最好的商业动作之一。我们自始至终都保守着这个秘密。

您个人的工作风格是什么？

我是属于一天工作 24 小时、每周工作 7 天的那种工作狂。身居要职的人都有一种责任感。"24 小时内给你答复"的说法现在看来似乎是一种常态。其实呢，真的应该再快一些。今天的邮件如果没有回复完的话，我是绝对不会去睡觉的，因为自己无论如何不能接受再拖下去。

您如何赢得客户的信赖？

维护客户的利益；对客户唯命是从；总是竭尽全力为客户争取最大的利益。这就是我们为丰田公司所做的，因此我们有机会与他们多次合作。

您是怎样和客户打交道的？

如果有人让我举三个例子，我会力争给他们举出来五个。我认为重要的是，当有人让你做某件事的时候，你要多做一些，因为多做的那一部分会让你变得更好，而且还把你和普通人区分开来。我这辈子一直都在努力多做一点儿，这可能就是我有五个孩子的原因吧。

您最讨厌什么?

我最讨厌有人在邮件下方写上"拼写错的地方请多原谅"。这些人都是怎么想的啊？写完的东西连看都不看一眼。在我看来，这样做很傻。

哪件事您从来没有做过?

我从来不参与充斥着负能量的事情。人与人交往是耗费精力的。我总是堂堂正正行事，和每个人都处得很好。我觉得大家把你看成一个好人非常重要。只有这样，你在这个行业里才能行稳走远。

重点打包

- 学着像梅雷迪思·奥康纳那样，给客户的东西总比她们预期的多一点儿。这样，才会极大地影响到她们对你的印象。

- 当你能像丝芙兰一样对产品进行成功策划时，消费者的信心就会增强。

- 第三方信誉和线上专业表现对于赢得消费者信心非常重要。

- 像雷克萨斯一样，分享长期客户的体验，进而增强消费者的信心，让她们相信自己享受到了物超所值的消费体验。

第六章

第三个驱动：信心　让消费者对你和你的产品有信心

激活思路

● 每次提供的服务都比上一次消费者期待的超出5%。你怎样才能做到这一点呢？

● 重新浏览一下自己的线上业务简介。它是最新的吗？它能让别人对你的能力刮目相看吗？如果你没有这类简介，那就抓紧去到网上创建一个。

● 丝芙兰应用技术手段来增强消费者对其公司和产品的信心。在你自己的业务中，有哪些类似活动可以用得到技术？

第七章

第四个驱动：感激
让消费者感到卖家对她们心存感激

第七章

第四个驱动：感激　让消费者感到卖家对她们心存感激

印第安纳波利斯的富裕郊区卡梅尔。我正坐在一家人流如织的餐厅里。这时，一对常客进了屋，径直朝我的桌子走来。看得出来，他们不是来和我说话的，因为他们的目光落在了我的同伴、餐厅老板约翰·利普斯（John Liapes）身上。这是一对老夫妇，和老板打招呼时，他们简直是笑逐颜开。老板介绍说我是第一次到这里来，他们热情地告诉我，就是因为老板的待客方式，这里才成了他们最喜欢的餐厅。

"约翰总是走过来和我们聊天，每次玛丽亚（经理）看到我们进门，总是拿出一份报纸，还把我们最喜欢的那张桌子留出来。"老妇人告诉我，"有时，玛丽亚看到我们从停车场出来，她会提前把我们的餐食放到桌子上，等我们走进去。"老妇人直视着我的眼睛说，"你能明白我们为什么喜欢这个地方了吧。"

我们在一家麦当劳餐厅。

利普斯是这家麦当劳餐厅的所有人和经营人。嗯，能看得出来，他是从高级餐饮业转行过来的。坐在卡梅尔店（他的四家麦当劳店之一）里时，我发现这家店的外观非常吸引人：大落地窗，硬木地板，贴壁纸的墙壁，吊灯，带充电插头的光滑柜台，艺术壁饰和自助报架。店里看不到广告，窗户上也没贴任何花里胡哨的促销纸片。"我崇尚极简。"利普斯笑道。然而，吸引顾客络绎不绝地光临这里的，不仅仅是餐厅的外观，利普斯和他的团队——包括他的妻子兼商业伙伴玛丽·利普斯——的待客之道，以及他们所表现出的对顾客的尊重和重视，也是不可或缺的重要因素。

◎ 预测客户需求

"我们训练团队做到，在客人还没意识到其需要之前我们就知道她们需要什么，"利普斯说，"例如，当我们看到妈妈们进店时双手都占着，就需要帮助她们坐好，确保一切安排停当，这样她们就不必起身排队，留下孩子在座位上无人照看。我们总是在反复做一些事情，比如给餐桌送纸巾、给咖啡续杯，因为人们总是需要更多的纸巾和咖啡。我们希望客人离开时会想'即使再忙，他们也总是能关照到我们'。"

需求预测是欣赏的一个关键方面。利普斯称之为体贴的联系。他将团队的精力集中在这些互动上，是因为他相信，与价格促销相比，这些互动更能促进情感投入和客人的长期忠诚。"对我们来说，回头客比单次消费更为重要。"他说，"我们不想和客人做交易，我们想要她们参与其中，正是这些体贴入微的细节吸引了我们的客人。在快餐服务环境中，客人并不会期待这些细节，也很少有商家会去这样做。"

作为店主，利普斯毫不羞于向顾客展示他是多么珍惜为他们服务的机会。"我会亲自为顾客开门，收拾托盘，清理停车场的垃圾，擦拭玻璃门。"他说，"当客人们看到我这样做的时候，他们会明白，这家餐厅和某些人是利益攸关的，这些人不会把他们的生意成功视为理所当然。"

◎ 掌握感激的精髓

正如利普斯夫妇的餐厅体验向我们表明的那样，除了"谢谢您"，感激还有很多方面，其中就包括预测顾客的需求。当你让顾客感到有人对她们充满感激之情时，你的营销能力就会得以提升，回头客就会随之增多，口碑也会越来越好。你已经清楚激励消费者与你做生意的是你给她们的感觉。但问题是，你让消费者感觉到了有人在感激他们吗？下面就教你几招，帮你达到这个目的。

要不停地说"谢谢"。

善意地给你提个醒：要不停地说"请"和"谢谢"，并把这当成一件理所当然的事去对待。你会注意到，女性有个习惯，即使她们是消费者，也会先说"谢谢"。在女性面前，你要争取抢先说"谢谢"。需要注意的是，在以服务为导向的行业里，"没问题"这句话并不能很好地取代"别客气"。消费者可能会想：是的，我知道没问题，但那不是你的工作吗？比较而言，像"乐于效劳""我就是为您服务的"这样的话，甚至简单地说上一句"别客气"，听起来都会更加亲切。

结账时请全神贯注。

　　结账之际常常被忽视，而这恰是一个给人留下持久印象的机会。如果消费者像在零售场所那样亲自当面付款，那就要培训你的团队在这期间要心无旁骛，避免接电话、分心或相互谈论无关的业务，以确保每名把钱花到你们这儿的消费者，都能感觉到你们对她怀有的那份感激；如果你通过电子邮件或普通邮寄给消费者寄送发票，一定要附上一封感谢信。

买卖成功要找个方式庆祝一下。

　　交易完成了。你想怎样和消费者庆祝一下呢？值得手写一封感谢信、送点礼物、搞个活动或是给下一单生意折扣优惠吗？总之，要有新意。小举动可能给人的印象更持久。在垃圾邮件、电子邮件泛滥的今天，亲笔给消费者写一封感谢信会让你显得与众不同。

　　我听说过的"谢谢"的最佳双赢做法，来自一位近期重新装修了家居的女士。工程完工后，装修公司做了两件事：首先，送给她一本可以放到咖啡桌上向人展示的工程相册，封面上有公司的标志，里面有她家装修前后的对比照片；其次，公司主动出资在她家里举办派对，让她和她的丈夫邀请亲朋好友到家里来看看最终的装修效果。派对费用的预算不多，但支付蛋糕、小吃和软饮的开销绰绰有余，条件是：公司代表（该项目负责人）可以带着名片来参加派对。客户对这样的安排感到很兴奋，觉得装修公司知道感恩，有人情味儿。当然，装修公司也收获了积极的情感交流，同时还为开发新客户奠定了基础。

第七章
第四个驱动：感激　　让消费者感到卖家对她们心存感激

根本就没有假买主这一说。对只看不买的人要客气点，你要对他们的感兴趣表示感谢。

如果你相信自己遇到的每个人都是为今后营销播下的一粒种子——事实就是如此——那么，就不存在只看不买的人。每次碰面都是你给别人留下好印象的机会，因为你永远也不知道这会为你带来什么。今天消费者看似是在闲逛浏览，明天她可能就准备大掏腰包。即使她没在你这儿买东西，但积极的体验也可能促使她把你推荐给其他有意购买的人。

如果消费者在你店里有过大宗消费，你就应当跟进，向消费者表明你对她的在意，而不只是看重交易。

如果消费者在你那里购买了一件昂贵的商品，那么第二天（或者酌情以最快的速度）就要跟进一下，向她表达谢意，并做某种形式的沟通以保持消费者的积极购物势头。这样做的目的，是要让消费者放宽心，你不会因为钱已经赚到手就人走茶凉，不理不睬。这种快速跟进是你对消费者承诺的再次确认，有助于防止买家后悔或退货。如果消费者对这次消费体验感到很满意，那么你可根据买卖关系状况决定是否利用这次沟通机会请她为你推荐或做出好评。

客户移交要讲究。

有时候，当销售完成时，需要把工作移交给公司的其他部门或同事。如果这些移交处理得不当，联络就会中断，消费者就会觉得客户服务质量突然产生了由好向坏的逆转。切不可掉以轻心，要确保这些移交能顺利进行。这种经历类似于你和呼叫中心的客户服务代表在沟通，她说需要把你的电话转给其他人时，你的心立马就会沉了下去，除非她追加一句："我会一直在线，把你的情况跟我同事解释清楚。"讲究的移交要比冰冷的移交强一万倍。

向消费者表明你还记得以前和她的谈话内容。

要表达对某人的感激之情，最好的方法之一就是记住她对你说过的话。你只需简单地提一句："我记得上次我们聊天的时候，您告诉我您要去奥兰多参加一个全国会议，会开得怎么样？"就能给对方留下非常积极的印象。人人都有被承认和被记住的强烈需求，这是人性使然。记住孩子、配偶和宠物的名字总能让人的好感油然而生。一旦你获悉了这些详细信息，一定记得把他们记录到你自己的联系人数据库中。

给她们一个再来的理由。

正如前文提到的麦当劳店所有人和经营人约翰·利普斯所说：客人再来，比她们的任何一笔消费都更加重要。你要告诉消费者，你期待着与她们再次合作，希望很快能见到她们，并给她们一个再来的理由。知道你很看重和她们做生意，她们会感觉很好。

如果你还没有客户忠诚计划，可以考虑制订一个。

要考虑制订一个客户忠诚计划（CLP），正式的、非正式的都可以。你的目标是通过向消费者提供增值服务和超值体验来表达对她们的感激之情。所谓的增值，可以是些简单、实用的东西，比如消费倾向引领方面的文章和白皮书；购物折扣；参加特殊活

第七章
第四个驱动：感激　让消费者感到卖家对她们心存感激

动的邀请；奖励积分；新产品独家优先使用权等。为了开阔思路，你可以想想自己作为别的商家客户忠诚计划中的一员，都享受过什么待遇，再想想他们的吸引力何在。然后构建一个客户群，从中征求反馈意见，进行消费测试，并收集有关购买模式的见解和数据。

把客户介绍给可能对她们有帮助的人。

向客户表示感谢的一个更高层次的做法，是把她们介绍给对她们的工作或兴趣有帮助的人。可以是一对一的，也可以通过举办活动、聚餐或创造其他机会，让志同道合的客户们在不同形式的平台上相互建立起联系。

明确谁是你的最大客户。即便什么都不做，也得优先与她们保持密切联系。

这些忠实的客户能否留住，取决于你的作为，所以千万别冒险。你可以通过一些活动来和你最有价值的客户保持联系，比如说主动拜访；发送一些她们会感兴趣的文章；对她们的文章或社交网站上的促销广告发表评论；发送节日祝福、生日贺卡，甚至是分享她们生命中值得纪念的日子或活动。例如，房地产经纪人可以给客户发送一封短信："一年前的今天，您从我们手上购置了新房。衷心祝福您新居生活诸事顺遂！"由于科技和社交媒体的发展，人们很容易记住发生在客户身上的重大事件，甚至还可以有照片相佐。你要向客户表明你在想着她们，反过来她们也不会忘记你。我采访过许多营销专业人士，他们告诉我，最有效的营销手段就是一张低技术含量的手写贺卡。你觉得这不会与众不同吗？世界品牌500强好事达（Allstate）保险公司的一名业务员向我们证明：的确会。

最佳实践案例

好事达业务员艾米·马多克斯

人们买保险是希望永远也不会用到它。这样的产品在全世界来看也是屈指可数。因此，想要吸引和留住那些可能多年甚至一辈子都不提出索赔的投保人，对保险代理人来讲是个不小的挑战。由于客户每年都必须更新（或不更新）他或她的保单，许多人便利用这个机会货比三家。在这种情况下，优秀的业务员如何在培养新客户的同时留住老客户呢？他们的秘笈就是始终对客户和推荐人表达感激之情。只要问问好事达的任何一位"精英代理人"，你就知道了。他们表达感激的方法，值得从事客户服务的所有人借鉴。

好事达是美国最大的从事个人险种业务的财险和意外险上市保险公司，保户多达1600多万个家庭[1]。在许多保户看来，这家公司不像是一个保险大鳄，倒更像是当地跑保险业务的再熟悉不过的鲍勃、艾米、小王、小李。在美国，好事达有一万多名保险业务员。这其中也包括来自得克萨斯州奥斯汀郊区雪松公园的艾米·马多克斯（Amy Maddox）。马多克斯是一位屡获殊荣的"制作人"（业内术语，

第七章

第四个驱动：感激 让消费者感到卖家对她们心存感激

指"代理"），也是美国好事达代理咨询委员会的成员。对马多克斯来说，表达感激之情是营销策略和销售成功的密钥。

她说："我们90%的业务都是通过现有客户和抵押贷款公司的口碑来做成的。"马多克斯拥有并经营着一家七人公司——好事达独家代理商马多克斯保险公司。要想领先一步，鹤立鸡群，掌握推荐的主动权，就需要不断地主动作为，因为"与保险代理人面对面交流的日子已经一去不复返了"。她解释道："虽然我们欢迎投保人来办公室谈，但她们哪里还有时间？所以，我们必须找到其他方式来展示我们对她们的重视。"

马多克斯和她的团队花了很多精力通过电话和电子邮件来向投保人表达感谢，这是他们与投保人沟通的两个主要渠道。"我们不是生意人。"马多克斯说，"当人们打电话来，我们都会真心实意地嘘寒问暖。人们想确认你在听她们说话，而且都听了进去。我们反反复复地告诉投保人：'我们在这就是为你们服务的；我们就在本地，有任何需要可以随时来办公室找我们'。她们可能永远也不会迈进我们办公室，但她们心里明白，只要她们想来，随时都能得到款待。"

每逢投保人生活中的重大事件，比如孩子出生或配偶去世，马多克斯和她的同事们都会寄去手写的贺信或唁函；投保人过生日时他们会寄去贺卡；感恩节来临之际他们会寄去感恩贺卡向投保人表达感激之情；当有人推荐来新投保人，他们会呈上一张礼品卡，并附带一张手写的便签表达谢意；所有新投保人在投保五天后都会收到一封向她们表达谢意的电子邮件。该邮件称，公司全体员工随时听候投保人的调遣，后面还附有一张马多克斯团队的全家福照片，目的就是要让每一位投保人都感受到公司对她们个人的欢迎和重视。

建立在口口相传、私人推荐基础上的业务不会立竿见影，在一夜之间发生。马多克斯一直在持之以恒地做抵押贷款经纪人的工作，坚持不懈地向她们展示自己的感激之情，这是一个有影响力的重要群体。在漫长的职业生涯中，她与当地100名抵押贷款经纪人建立了牢固的业务关系。这些人最终成了她公司最重要的客户推荐渠道。

"二十年来，除了怀孕、生孩子，我几乎每个月都会给这些抵押贷款经纪人捎去营销礼物，"她说，"我总是从做简单的事情入手。例如，这个月赶上复活节，我们就给她们寄去巧克力彩蛋，再附上一张便签：'感谢您的鼎力举荐。'"

每个月。

用不同的方式表达感谢。

一谢就是二十年。

如今，这已然成为一种锲而不舍的感激之举。

"我现在仍然亲自出去送礼物，因为我建立人际关系的方式就是与人交谈。"马多克斯说，"如果你认为，这算得上是仁至义尽了，那么我想说：是的，的确是仁至义尽。但是，情感需要表达，没有表达出来的感激之情人们感觉不到。这意味着情感的表达需要积极主动，而主动作为是需要下一番功夫的。"

第七章

第四个驱动：感激 让消费者感到卖家对她们心存感激

马多克斯和她的同事得到了好事达总部一个企业团队的支持。该团队致力于创新业务发展流程，以便代理们可以花更多时间去建立关系。"我们的目标之一是制定策略和利用技术，借此帮助我们的代理放弃低附加值的展业活动，把更多的时间和精力投入到接触人多、附加值高的活动中去。"好事达负责消费营销的高级副总裁甘农·琼斯（Gannon Jones）说，"一天下来，即使有空前的技术和大数据作为支撑，我们仍然在为有血有肉的人开发产品和服务。一流公司都已经意识到，干我们这行的就是要在艺术和科学之间找到平衡点。"

* * *

与低利润的保险业形成鲜明对照的，是高利润的奢侈品时尚界。我们大家都清楚，要给一个什么都不缺的人送上一份谢礼该有多难。现在，我们张开想象的翅膀，设想你是在奢侈品行业做营销。你所面临的挑战，是要向一个坐飞机满世界飞、有实力把业务做到全球任何角落的客户群体表示感谢。你如何对这类客户表达感激之情？如果你是意大利米兰蜚声遐迩的奢侈品购物区蒙特拿破仑区（Montenapoleone District）150个品牌店之一，你就会和你的竞争伙伴勠力同心，联起手来，从而达到凭一己之力无法企及的境地。

> 她生意
> 如何精准吸引女性顾客

最佳实践案例

奢侈品牌合力"提升"感谢力度

在米兰的传奇购物大道——蒙特拿破仑大街(Via Montenapoleone)两旁以及附近街区，云集着世界上最高档的品牌：普拉达(Prada)、古驰(Gucci)、乔治·阿玛尼(Giorgio Armani)、萨尔瓦多·菲拉格慕(Salvatore Ferragamo)、洛罗·皮亚纳(Loro Piana)等，屈指算来足有数十个，琳琅满目，令人目不暇接。日客流量超过25000人，其中80%的人来自欧洲以外的国家和地区。在世界上主要购物街区中，这个街区的每单平均消费额最高[2]。这里的品牌与全球其他时尚之都形成竞争，争相吸引奢侈品客户的光顾。为了能在竞争中脱颖而出，蒙特拿破仑区与咨询公司埃森哲(Accenture)合作，创建了一个名为"一站奢华"（One Luxury Destination）的项目。

"这些品牌通常都是竞争对手，但在这个项目中，大家却成了盟友。"埃森哲时装和奢侈品数字业务主管翁贝托·安德烈奥齐(Umberto Andreozzi)如是说[3]。作为蒙特拿破仑区商会的会员，这些品牌共享集体资源，以鲜明的意大利风格向消费者提供独特的客户体验。

有兴趣开着法拉利跑车围着科莫湖兜风吗？想去意大利的阿尔巴（Alba）当一把松露猎人吗？也许你喜欢手里端着香槟，在富丽堂皇的别墅贵宾厅里放松一下。如果你愿意，私人采购员会在这时

第七章
第四个驱动：感激　让消费者感到卖家对她们心存感激

把该地区每家品牌店里你自己尺码的红色连衣裙——展现在你面前，供你挑选。这就是这家品牌商会能提供给你的消费体验。

拉鲁斯米亚尼（Larusmiani）是蒙特拿破仑大道上历史最悠久的奢侈服装与制衣品牌。该品牌公司首席执行官兼总裁、蒙特拿破仑区总裁古列尔莫·米亚尼(Guglielmo Miani)说："来蒙特拿破仑的，都是满世界飞的人。他们总是在寻找世界上最酷、最炫的体验。他们就怕无聊。"尽管消费体验总是在不断变化之中，但"一站奢华"项目却有三个不可或缺的基本要素：

史无前例的贵宾厅。蒙特拿破仑贵宾厅是世界上第一个为"时尚区"提供服务的贵宾厅。它代表了"一站奢华"合作项目的实体核心。该贵宾厅就坐落在蒙特拿破仑大道上一座历史悠久的迷人宫殿里，弥漫着一种奢华、私密俱乐部的味道。贵宾厅凭请柬入场，大部分时间都被各大品牌的大客户们预订。一旦置身其中，客户便可享受24小时礼宾服务、私人采购员、私人更衣室、休息区、点心、行李（新购货品）免费运至机场、超重行李（新购货品）免费托运、机场管家退税（这样客户就不必在机场排队了）等服务。

礼宾服务。蒙特拿破仑贵宾厅提供专人和线上礼宾服务。礼宾部将对客户最喜爱的品牌进行私人预约；安排专车服务；回应客户诉求，诸如在高档餐厅预订晚餐；安排私人用餐体验；预订酒店；安排旅游以及购买音乐会、时装秀和歌剧等活动的门票等。还有，如果客户想参观法拉利生产厂，他们可以代为安排；如果有人对附近蒙扎（Monza）赛道上的赛车比赛更感兴趣，他们也能让客户如愿；

假设客户对宫殿和博物馆情有独钟，他们可以为蒙特拿破仑贵宾厅的客人提供专门的通道。

"数字化街道"网站和应用程序。"一站奢华"项目有专门设计的网站和应用程序，旨在帮助顾客在出发前就开始沉醉于米兰迷人的心脏地带；在道完"Ciao（意大利语'再见'的意思）"之后，仍有意犹未尽、余音绕梁之感。

* * *

正如麦当劳、好事达和蒙特拿破仑区等各类企业向我们展示的那样，无论你从事的是什么行业，也不管你服务的是哪种类型的客户，对客户感恩永远都不会过时。

重点打包

● 对客户感恩需要付出时间和精力，但就提高客户忠诚度和扩大客户推荐量而言，这是非常值得的。

● 感激客户可以从多方面下手，包括预测客户需求和庆祝交易成功。

● 持续跟进是表达对客户感激之情的最重要方式之一。它向客户表明，她的业务并不仅仅是一笔"交易"。

第七章

第四个驱动：感激　让消费者感到卖家对她们心存感激

激活思路

● 在向客户表达感激之情方面，你有哪些创新举措？当然，你不必为此倾家荡产。在我家附近，同一条街上有两家美甲沙龙，其中一家每次为消费者提供两分钟免费肩部按摩服务，另一家却没有。猜猜最终我去了哪家？

● 如果你制订了一份客户忠诚计划，它会是什么样的呢？

● 是什么妨碍了你与客户的定期联系？为了使这种联系更加顺畅，你都能做些什么？

第八章

驱动女性购物模式的大趋势

让消费者喜出望外的路线图

她生意
如何精准吸引女性顾客

第八章
驱动女性购物模式的大趋势　让消费者喜出望外的路线图

既然现在我们已经牢固地建立起了四驱营销法，而且也清楚了它们是如何在与女性消费者打交道方面发挥作用的，那就让我们把注意力转向另外一个方向：推动女性生活方式和购买模式转变的宏观趋势。虽然这四驱营销法是永恒的原则，在未来时日里仍将有效，但更重要的是，要与时俱进，跟上当前女性生活中发生的、影响她们需求的趋势。这些趋势为四驱营销法及时地提供了背景，有助于确保你的想法和策略与女性的生活紧密相关。

能对女性购物模式产生影响的有六大趋势。分开来讲，这些趋势就像是地图上的一个个点，当你把它们连缀在一起时，就形成了一个路线图，能说明消费者要去向何方，也为你领先一步、先于她们的需求制定相应策略指明了行动方向。当这些趋势与四驱营销法结合在一起时，你便如虎添翼，对理解和服务市场有更加全面和宏观的认识。

◎ 趋势一：责任加倍，时间减半

我认为"责任加倍，时间减半"这句话，是一切趋势之母。它指的是工作和家庭生活之间模糊的界限，以及由此产生的时间上的压缩——我们感到时间捉襟见肘。像我们的洞居祖先一样，如今的我们，每个人的一天也都是24个小时。然而，由于在生活中肩负多重责任，加之技术的羁绊，我们经常觉得一天不够24小时。这就影响到女性如何、何时、和谁去做生意。

首先，我们把忙碌的生活放在一些历史背景中去看。在工业革命之前，工作和家庭生活基本上是一回事。男人、女人和孩子为了共同的家庭生存目标而在家里一起劳作；他们在自己的土地上种植食物、饲养动物；在自己的房子里做饭，并用它来遮风挡雨；把多余的东西卖掉，以赚取收入。直到工厂出现的时候，家庭和工作才开始被看作两个独立的概念[1]。具有讽刺意味的是，科技时代再一次把我们的工作和家庭生活融为一体。只不过我们现在不是在厨房的桌子上打场，而是回复电子邮件，做PPT演示文稿，或者是做生意。

现代女性经常深受时间压力之痛，因为她们中的许多人一直都在工作和照顾孩子这两个义不容辞的责任之间平衡。当你想为职场女性服务时，最好先认定她们都在打两份工：一份是有薪酬的，她们在家庭之外的工作；另外一份没有报酬，做家务或照看年迈的父母或公婆。结果可想而知，女性的购物时间往往不多。随着购物时间的减少，她们对舒适和便利的期望值就会升高，形成了一种反比关系。

女性消费者在同那些不太容易打交道的公司或销售人员互动时，会比较没有耐心（通常没有任何耐心）。消费者可支配的时间越少，她就会越发重视它，也就愈加重视那些尊重她并为她节约时间的人。

一切都是为了完成任务。

事情多了一倍，时间却少了一半，过着这样生活的女性比比皆是，来自纽约的忙碌高管朱迪(Judi)就是一个生动的例子。曼哈顿，星期二，在一家拥挤的咖啡馆里，我和朱迪面对面坐着。她是那种才华横溢的人，一开口讲话，我就觉得自己有必要正襟危坐，洗耳恭听。朱迪不浪费时间，也不浪费语言。听这位单亲妈妈介绍如何管理自己的生活，俨然就像在上一堂怎样提高效率的大师课。我请她跟我讲讲她自己有条不紊的生活。

"一切都是为了完成任务，"经营着自己的咨询公司，还得照顾两个学龄儿童的朱迪说，"我每天要做的事情一件接一件，没有时间撂挑子。"

当她说"没有时间撂挑子"时,我放下了手中的笔。这句话应当成为商场上我们每个人的警示:当女性走进商场时,她们都重任在肩。她们希望有所收获,把任务完成,不想空手而归。朱迪把她平常的一天里要做的事情列了一个单子:

- 工作 / 客户服务;
- 食品采购;
- 打扫卫生;
- 喂狗、遛狗;
- 杂项修理;
- 为孩子上学做准备;
- 送孩子上学;
- 自己和孩子们寻医看病;
- 宠物护理。

"大事小情都归我管。"朱迪说。前两天出差,坐在出租车后座上赶往肯尼迪机场的她,才顾得上忙里偷闲,快速报出了上午刚刚用过的所有应用程序。她说话的时候,我有一种观看加拿大太阳马戏团(Cirque du Soleil)精彩演出时那种难以名状的敬畏感。那天早些时候,朱迪用应用程序做了下面这些事情:

- 确定了干洗衣服的领取时间;
- 和雇来遛狗的人安排好了遛狗次数;

- 为孩子们点外卖晚餐；
- 雇人来组装她从宜家家居店订购的桌子；
- 购买洪水保险，因为一场飓风正在向纽约袭来；
- 为孩子们订购新衣服。

我有没有告诉你，这些可都是她在登上早班飞机之前完成的？而且你注意到她还买了洪水保险的事儿了吗？

看到我吃惊成那样，朱迪倒显得泰然自若。"使用这些应用程序并不是为了图省事儿，只是一种生活方式而已。我对科技有严重依赖症。你想啊，有这么多事需要我做，我只能想办法找到一条最高效的路径，扫除一切障碍，才能完成任务。"

朱迪的经历让我们弄明白了一点：现在，无论你从事什么行业，"日常琐事"处理起来都变得既简单又方便。当然，从另外一方面讲，这其中也蕴藏着迎合新服务需求的机会。你看看朱迪一个早上下来用到的应用程序吧，这些应用程序大多与服务有关。当我对女性进行采访时，她们经常告诉我手上有很多事要做，很期待有人能帮把手。

距朱迪半个美国的地方，有一位叫珍(Jen)的女人。她从自己的角度给我举了一个简单但却令人信服的例子，说明了有用和方便应当是什么样的。她跟我讲起了生完小孩后不久第一次出门购物的经历。

"那次我在诺德斯特姆连锁店的停车场找车位。患有小儿疝气的孩子把我闹得都快要崩溃了。这时，我突然看到了几个空的停车位，旁边还立着一块牌子，上面写着：'新生儿家长专用。'我心想：天哪，这也太善解人意了！这儿的人真在意我的感受！"诺德斯特姆连锁店就是这么做的。他们会张贴告示来展示他们尽力让来店购物的消费者感到更轻松。

在"责任加倍、时间减半"的世界里，轻松、高效、便捷将更能赢得终日忙碌的女性的欢心。她们希望你能伸出援手，而你在助人为乐的过程中，也增加了联络、激励、感谢消费者的机会，让她们在购物时更加从容、自信。

重点打包

- 如今，为现代女性消费服务，轻松、便捷就是你的"筹码"。如果你的营销对消费者来讲既没帮助，也不便利，更不轻松，那你最终在竞争对手面前只能俯首称臣[2]。
- 忙碌的女性寻求的不仅仅是产品，还有服务。

激活思路

● 朱迪使用的许多应用程序都只是提供有帮助的服务，而不是产品。你能为自己销售的产品提供配套服务吗？例如，宜家收购了基于应用程序的跑腿兔（Task Rabbit）网站，帮助客户干跑腿的活，比如组装宜家家具，它们堪称天设地造的一对；美国美妆（Ulta Beauty）连锁店提供各种美发和美容服务。那么，你还能提供什么和产品配套的服务项目，让客户感觉更轻松自在？你能利用新技术为消费者提供诸如送货和自动补货的便利吗？

● 时间只是便利的一个方面。列出通过你的营销可以为消费者提供的其他便利。

◎ 趋势二：小我效应

事情发生时，我刚刚挑好了指甲油颜色。"请坐。"美甲师指着一把小椅子说。时间是星期四晚上五点半左右，正是美容院里最忙的时候。按照我的习惯做法，我向坐在旁边的客人点了点头，并进行了简短的眼神交流。我发现旁边的顾客是一个 11 岁的小女孩，真希望此刻自己脸上没有流露出惊讶的表情[3]。

她正在接受专业的美甲服务。

在一个工作日的晚上。

我不应当这样一惊一乍的。不知你注意到了没有，孩子们现在比以往任何时候都更热衷于成年人的活动和品牌，在过去这都是得等长大以后才能得到的。

欢迎你关注这个小我效应（Mini-me Effect），即在这个新的世界秩序中，成人和儿童都争先恐后地想要享受同样的产品、品牌和服务。"什么是为孩子们提供的产品或服务？""什么又是为成年人准备的产品或服务？"现在要想回答好这样的问题，可是越来越难了。

两者之间的那条界线正在慢慢地被抹去。

孩子们喜欢他们父母喜欢的品牌（实例1：匡威服装）；祖父母喜欢他们孩子喜欢的品牌（实例2：星巴克咖啡）；8～80岁年龄段的每个人都想要享有的技术（实例3：苹果平板电脑）[4]。许多孩子不再需要等到长大，就能得到父母喜欢的产品和服务。你一定亲眼见证过这样的事情。在飞往奥兰多航班的商务舱里，也许你发现自己从一个使用父母累积里程的五岁孩子身旁走过；在毕业舞会临近的时候，或许你走进一家发廊，看到年轻的女孩们正在做专业的吹烫和化妆；可能你十几岁的侄子让你在去他家的路上顺便帮他捎杯拿铁；当我外出进行零售研究时，经常会看到母亲和女儿都在盯着同一款手袋看。

前几代人对他们父母的品位都不敢苟同，甚至感到不齿。现在呢？不可同日而语喽。最根本的原因在于：人们结婚的年龄越来越晚。这意味着他们在忙于工作、赚钱，许多年之后才会要孩子，即便有了孩子，数量上也要比前几代人的少。要孩子晚、生孩子少，会对家庭生活方式产生多米诺骨牌效应。比方说，如今双亲都在工作的家庭可以把财富分配给较少的孩子。有经济能力的父母通常愿意也有能力让孩子花成年人才花得起的钱，而前几代人要么没这个能力，要么不会这样去做。

咱们来看看这样一个场景：一个叫特蕾西（Tracy）的女人，在34岁的时候怀上了第一个孩子。这个年龄才当上母亲现在已经不足为怪了。在孩子走进她的生活之前，34岁的特蕾西已经有了至少12年的收入，并且形成了自己的生活方式。她的丈夫也是如此。要孩子之前，她在星巴克店里度过的光阴多得已经记不清了；美甲成为一项日常打理，不必等到某个特殊活动才去做；经常飞来飞去、用信用卡消费的她累积下来很多里程；很久以前她就已经开始消费更好的品牌，这些品牌他们夫妻俩在二十多岁时根本买不起。

一旦他们有了孩子，孩子就自然而然地成为父母世界中的一部分。结果呢，特蕾西的女儿从坐婴儿车时起就开始去星巴克了；她不会等到结婚那天才第一次去修指甲，她已经有很多各种各样的指甲了，其中大部分都是因为陪妈妈去美甲而获得的奖励。由于特雷西是一位职场女性，所以一有空闲，她总是想方设法和女儿在一起度过。

孩子比以往任何时候都更多地参与到家庭决策中来，在单亲家庭中尤其如此。当涉及考虑购买什么产品时，除了驻店技术专家外，一些孩子往往自认为是家里的谷歌"首席产品研究员"。

如果你从事的是消费行业，且产品适合18岁以下的消费者，那么就有必要考虑一下，笼络住年轻消费者的心可能会带来哪些机遇？品牌扩展的成功例子可以说俯拾皆是：从运动女孩（Athleta Girl）、克里夫小子（CLIF Kid Zbars）、迪奥童装（Baby Dior），到以儿童"夏令营"和俱乐部为特色的度假村，不胜枚举。当你做年轻买家的营销时，你会发现有一股强大的力量在支撑着你：你吸引的是愿意为孩子花钱的父母，以及想要和父母参与相同活动、购买相同品牌的孩子。如果你认为这种趋势只发生在沙龙、时尚和科技领域，那你可就大错特错了。看看家门口的高尔夫球场，你就什么都清楚了。

高尔夫球中的小我效应：是运动，同时也是服务。

表面上看，高尔夫是一项迷人而优雅的运动；球场都是世界上最美丽的去处。但从本质上看，它是一个服务行业，必须立足于培养下一代的玩家，才能实现可持续发展。美国职业高尔夫球协会（PGA）有 29000 名专业人士，在全美各地的一线球场和俱乐部工作，为公众提供服务。从开设培训课程到经营高尔夫商店、球场和俱乐部，他们的工作就是提供动人心魄的球员体验；鼓励我们这样的业余爱好者参加培训、加入俱乐部和续签会员资格。那么，他们是如何接触到下一代高尔夫球手的呢？他们利用的正是亲子关系的力量。

"女性是培养下一代高尔夫球手的关键一环。"美国职业高尔夫球协会多样性与包容性高级主管桑迪·克罗斯(Sandy Cross)说。这是因为，母亲在决定孩子的娱乐活动方面通常扮演着重要的角色。克罗斯的目标，是让更多来自不同背景的运动员参与到这项运动中来。佛罗里达州普兰泰申（Plantation）拉格玛（Lago Mar）乡村俱乐部高尔夫经理厄尼·鲁伊斯（Ernie Ruiz），是美国职业高尔夫球协会的专业人员，他把这一梦想变成了现实。

鲁伊斯告诉我，在其职业生涯的早期，他创建了一个旨在让孩子们走出家门、踏上高尔夫球场的初级培训课程。这期间发生了一件意想不到的事：孩子的父母们也都跟着一起来了。"我开车去练习场看望孩子们，看到孩子们的父母坐在那里，无所事事的样子。"当时在佛罗里达各高尔夫俱乐部串场教学的鲁伊斯说,"因此,我们为这些父母也创建了一个配套的培训班。他们中的许多人以前从来没打过高尔夫球。他们到那里只是为了给自己孩子助威,本身并不一定是高尔夫球手。培训班让他们朝着高尔夫这项运动迈出了第一步。"[5] 你瞧,平行班的开办同时满足了父母和孩子的需求。

在服务业中,类似平行班的做法大有可为。发廊可以为父母和孩子提供平行预约;健身房为孩子开设摔跤课的同时,也可以为他们的母亲或父亲安排瑜伽课;这样,父母们就不用耗在车里,无所事事地等着接孩子了。这种小我效应在你的生意中是否有用武之地呢?

重点打包

● 与前几代人不同,现在的父母和孩子往往想要相同的品牌、产品和服务。由于小我效应的影响,许多产品和服务都具有通过"年龄弹性"实现业务增长的潜力。

● 与前几代人相比,现在的孩子更积极地参与到家庭决策中来。他们在很小的时候就有品牌意识。在数字化时代成长起来的这一波孩子,认为自己是家里的"首席产品研究员"。

第八章
驱动女性购物模式的大趋势　让消费者喜出望外的路线图

激活思路

● 思考一下这种趋势如何能成为你的绩效增长的机会。你的品牌是否有必要主动去迎合年轻或年长一些的消费者？是否有机会为孩子和家长提供"平行"消费机会？

● 宠物是家庭的一部分，也是消费经济中快速增长的构成。琢磨一下你在这方面是否也有大显身手的机会。

◎ 趋势三：用视觉讲故事

如今，五彩斑斓的生活里到处都有稍纵即逝的机会，等待着人们拿起相机去拍摄记录。由于社交媒体的日趋活跃，各处游走的人们脑子里都有一张"拍摄清单"，不断地把一些场景拍成精美的照片或视频放到网上（也在考虑配上字幕）。由于手机里有现成的相机，我们便都成了自己生活的记录者，也会经常把照片或视频上传到网上。随着女性日益成为最大社交网络的主宰，你应当如何赶上这波视觉叙事的潮流，鼓励消费者把她们在你这里的消费体验记录下来呢？

马尔代夫一家五星级度假酒店配备"照片墙管家"、为住店客人拍照并把照片上传社交媒体网络的服务，竟然成了一条国际新闻[6]。细想一下，照片墙管家的创意似乎是早晚的事情，想绕开都难。当有人觉得自己购买的产品或消费体验非常特别或是极其重要时，便经常会在朋友圈里通过照片和视频讲述出来。这种新的社交行为令人们如此热衷，乐此不疲，我们甚至都可以问一个新的先有鸡还是先有蛋的问题：如果你买到了一些让你兴奋不已的东西，但却没有上传相应的照片，这还能算是你真的买了吗？

我有个朋友是得克萨斯州的一名房地产经纪人。他每卖出一栋房子，都会贴出一张和买家的合影。买家手里总是举着一个牌子，上面写着："我的经纪人是摇滚明星！"我曾经去过洛杉矶的一家酒店。入口处铺着红地毯，还拉起了一面大横幅。我猜想那天晚上一定有什么特别的事情要发生，便问服务员是怎么回事。答复是没有什么特别的原因，横幅和红毯只是为了让每位客人都有一种大腕明星的感觉。当然，这个背景的诱惑是无法抗拒的，客人们会纷纷拍照，发布到社交媒体上。

商家充分利用了人们喜欢用视觉讲故事的偏好，营造了一些新鲜的"亮点"，从而满足了女性把生活中哪怕是最微小的时刻记录下来的需求。这些也为你提供了一个发挥创造力和想象力的机会。例如，人们都习惯于看到一些传统上有意义事件的照片，像购置新房、开学第一天、喜得贵子、新婚燕尔、购买新车等。但是，在"亮点"频出的时代，用视觉讲故事的冲动无处不在，比方说怀孕的年轻妈妈获悉婴儿性别；新生儿每周和每月的"生日"照片；求婚仪式的摄影录像；家居装修或手工项目的完成；5公里赛跑的撞线，等等。快速浏览一下你的社交网络，可能还会发现更多的实例。你的产品如何能成为讨客户欢心的一个"亮点"？你又如何能帮助她们制造出新的"亮点"呢？

达美乐比萨饼公司（Domino's Pizza）就是一个非常好的例子：该公司开设了婴儿在线注册服务项目（婴儿注册），向新手父母和准父母配送比萨，好在他们庆祝有意义的事情时派上用场。还会附上一些饶有趣味的便签，比如"睡个整觉。这还不值得庆祝吗？""无论男孩女孩，都值得庆祝一番！""荷尔蒙和饥饿在战斗。真打呀！"[7] 在你的业务中，如何能让自己成为女性视觉故事中的主角呢？如何能跻身于她们生活中的大事小情和消费体验呢？

重点打包

- 现今的时代是一个讲述视觉故事的时代，是我们记录自己生活的时代。智能手机是我们的工具；社交网络是我们的媒介[8]。

- 在生活中，哪怕是很小的"亮点"也能拍照、录像上传，这也适用于购物。这就为每个品牌和商家创造了机会。

激活思路

- 通过头脑风暴法来创新思路，激励消费者把你、你的产品或你的服务上传到她们的社交媒体上。

- 在我们的文化中，涌现出了一波新的"亮点"，你如何能成为其中的一部分？

◎ 趋势四：健康是一种生活方式

"这对我有什么好处？又有什么坏处？"

以前人们购买食品和药品时，都会不由自主地思考这类问题。可是现在再也不用这么想了。无论是无刺激涂料、植物洗发水，还是防晒泳衣，健康已经成为当今各行各业的主流，成为各类消费者决策的关键组成部分[9]。作为家庭80%医疗事宜的决策者，女性对健康尤其重视。她们是推动保健和健康革命的消费力量[10]。

从广义上讲，健康是一个大的概念，包括身心健康和生态友好。鉴于这一宏观趋势包罗万象的博大性，我们有必要问一问：在你的业务中，是否存在尚未开发的健康因素？把它们善加利用，可能意味着增加销量和市场份额，也能为消费者创造出新的购买理由。威斯汀酒店（Westin Hotels）当然不会错过这样的机会。这个品牌在健康领域里的创新会对你有所启发。

威斯汀酒店的健康创意

1999年，威斯汀酒店推出的"天堂之榻"（Heavenly Bed），让整整一代人对住宿选择做出了重新思考。作为万豪国际（Marriott International）旗下的大品牌之一，威斯汀酒店及度假村集团自"天堂之榻"这个标志性的营销时刻以来，一直将健康作为自己品牌的定位。这张床的推出是一个革命性的举措，因为你只需琢磨一下就会发现，人们通过晚上能否睡个好觉来决定对酒店的好恶。"天堂之榻"的创意，以及"天堂之榻"本身，都是现代酒店业客人体验转型的见证。

创意一：天堂之榻推出了白色羽绒被，堪称大胆之举。长期以来，酒店业一直靠着深色、带图案的毯子来隐匿污渍。白色床上用品向客人表明，店家对床的清洁度很有信心。整个行业纷纷效仿：白色床上用品已成为高档酒店的标配。

创意二：如果你喜欢，威斯汀酒店很乐意把床卖给客人，包括枕头和床单。这在当时是一个非同寻常的理念。时至今日，你仍然可以在威斯汀酒店购买天堂之榻和其他品牌的产品，甚至包括大堂里舒缓温馨的气味。

睡个好觉的想法，只是威斯汀酒店对客人健康做出系列承诺的开始。如今，该品牌的客人体验以六大健康要素为基础，对现代消费者特别是女性具有强大的吸引力。六大健康要素是：

- 睡眠好；
- 饮食好；
- 运动好；

- 感觉好；
- 工作好；
- 娱乐好。

威斯汀酒店集团高级副总裁兼全球品牌总监布莱恩·波维内利（Brian Povinelli）表示："我们的目标是，让客人在离店时感觉比入住时还好。"

帮助旅行者坚持他们的健身计划

假设你在旅行时忘记带运动装备，或者想不托运行李但包小塞不进去。威斯汀酒店针对这种情况推出了一项服务：出借新百伦（New Balance）的运动装、鞋和新袜子，男女尺码都有。你只需象征性地付点费用即可，而且袜子还可以自己留着。这样一来，就再也不用把那些笨重的运动鞋往小旅行箱里塞了。

"我们开始这项服务，恰逢航空公司拟对托运行李收费之际。"波维内利说，"我们注意到很多人只好忍痛割爱，把健身行头留在了家里。于是，我们和新百伦合作，提出了这个解决方案。"客人们还有一个意外收获，那就是不再需要把脏兮兮的汗湿衣服打包带回家。

现在，假设你已经穿上了借来的新百伦运动鞋，想出去跑步，但不知道往哪里跑。毕竟，许多威斯汀酒店都在郊区。威斯汀集团在其众多连锁店（200家，这个数字还在不断增长）里都设有"跑步专务"岗位，专门负责组织客人集体跑步。如果你是那种喜欢独自跑步的人，也很简单，沿威斯汀集团和新百伦为每个酒店量身打造的路线跑步即可。

在酒店内部，该集团把重点放在了健身房的设计和扩建上。"以前，酒店的健身中心通常都是由客房改造的。房间铺着地毯，颜色偏暗，天花板较低。"波维内利说，"在改变这种运作模式方面，我们集团始终是领军者：威斯汀的健身工作室更给人一种专业健身房的感觉。所有这些健身房都配备了全身抗阻力锻炼（TRX）设备，即悬挂训练系统；我们的许多酒店都配备了佩洛通（Peloton）静态智能单车，客人可以预订使用。"

健身只是健康平台的一个方面。威斯汀集团还提供与健康美食（SuperFoodsRx）合作开发的"超级食品"菜单，旨在提高工作效率的工作区和会议室，甚至还有"美梦薰衣草精油"等。客人可以在睡前将精油涂抹在太阳穴或手腕上，有助于尽快进入梦乡。

波维内利说："在每个健康要素里面，我们提供5~15个服务项目。"因为人们对健康的看法和观点互不相同，威斯汀集团借此打破了众口难调的魔咒，满足了客人的不同需求。

重点打包

● 无论哪个行业，健康都是推动女性决策的强大动力。

● 有很多方法可以把健康和健身服务搞活，因为健康的定义宽泛无比。

第八章
驱动女性购物模式的大趋势　让消费者喜出望外的路线图

激活思路

● 把当下会对客户产生影响的健康趋势明确一下。在你的业务中，有没有什么潜在的健康和健身属性可以利用？

● 你能用什么方式来证明你的产品或服务"有好处"？尽可能多地写下来。

◎ 趋势五:"花甲"重新"不惑"

我的朋友吉娜(Gina)喜欢开玩笑地说,孩子还在上小学的时候,她就收到了美国退休者协会(AARP)的会员卡。美国退休者协会是一个退休人员组织,他们有一个不受欢迎的做法:50岁生日前后,你的会员卡便会出现在你的邮箱里。三四十岁生孩子的吉娜,孩子此时才十几岁,一想到在人生的这个阶段就收到了退休信,她便忍俊不禁,因为她还在举办以动作片男主角为主题的生日派对;还在为孩子们将来上大学积攒学费[1]。

吉娜这个例子很说明问题,它向我们表明,单凭年龄来定义一个人,尤其是女性的生活方式和消费模式,可能会产生误导。生命阶段比出生证明上的日期更能准确地预测女性的需求。街上那个50岁左右的女人,可能是孩子都已长大成人的空巢老人;也可能是小学生的母亲;还可能根本没有孩子。随着单身、"灰色离异"、晚婚、晚育和家庭组建的滞后,以及在我们工作和个人生活中出现的多重行为现象的增多,过去有关60岁老人的特征早已不再适用。

第八章
驱动女性购物模式的大趋势　　让消费者喜出望外的路线图

然而，刻板印象消除起来很难。所以我们试着在这里爆料：50岁以上的人，包括 X 一代，拥有高达 83% 的美国家庭财富[12]；他们主导了美国所有的消费支出[13]，包括非耐用品、耐用品、公用事业、汽车和零部件、金融服务、医疗保健和家庭用品[14]。这个年龄段的女性和其他各年龄段的女性一样，推动着消费支出，尽管在竞选活动中你永远也看不到这一点。

从文化上讲，大家都知道，鬓角灰白的男性通常被称为"尊敬的"，而许多上了年纪的女性则根本享受不到这样的"待遇"。实际上，根据我对女性以及对其他许多人的研究，55 岁以上的成熟女性经常认为自己在市场上是隐形的，她们说，店员很少和作为消费者的她们有眼神交流，甚至绝少关注到她们。不把这些女人当回事是个大错误。

就消费市场上的成熟女性而言，空巢期的她们终于可以把自己的需求放在首位。我把处于这个人生阶段的女性称为"还得费事给自己做讨厌晚餐"的一代。这是她们一生中令人兴奋的阶段。采访中经常听到女人这样说："我把我儿子汤米的旧卧室占了，变成了我的办公室。""我正在策划一次我一直想要的假期。""我要把客厅里的破旧家具都扔掉，换一批好点的。"我遇到过很多这个年龄段的女性，她们经常和闺蜜一起旅行。她们的丈夫对此不感兴趣，而这阻挡不了她们走出去的步伐。

然而，很少有商家把成熟期看作人们生活中令人兴奋的阶段。如果长期关注的话，你就会有这样一种印象，即面向老年人的营销几乎完全由一些令人沮丧的、带有施恩意味的内容组成,包括医疗保健、成人尿布、补品和金融服务[15]。几乎没有人承认,55 岁以上的市场中,朝气蓬勃、充满活力、全情投入者大有人在。她们敢为天下先的速度与千禧一代比起来毫不逊色[16]。面向成熟女性的产品和服务,与时尚、炫酷及对未来的热情之间的确存在着不小的差距。

谁会来弥补这个差距呢?正是吉米·巴菲特(Jimmy Buffett)。

没错,你没看错:歌手兼商业大亨吉米·巴菲特,一手端着玛格丽塔(Margarita)鸡尾酒,一手拿着芝士汉堡,创建了具有热带风情商业帝国的吉米·巴菲特。2018 年,他的公司为"芳龄 55"以上的人开设了第一家以玛格丽塔度假村(Margaritaville)为主题的退休社区。

把人生的这个阶段重塑成玛格丽塔度假村。

由巴菲特公司创建的退休社区的正式名称叫"纬度:玛格丽塔度假村"。正如巴菲特在一首歌里唱的那样,在那里人们"可以变老,但不能长大"。该项目由玛格丽塔控股有限责任公司(经营饭店、酒店、休闲业务,巴菲特是大股东)和从业 60 余载的住宅开发商美国明托(Minto)社区公司合作开发,让人们在天堂里慢慢变老。截至本书付印之时,有两个社区正在开发中:佛罗里达州的代托纳海滩(Daytona Beach)和南卡罗来纳州的希尔顿海德岛(Hilton Head)。位于佛罗里达州狭长区域的水声(Watersound)是第三个正在计划的选址。

这些社区营造出一种热带生活方式：到处都是海滩小屋；带有茅草屋顶的酒吧；每天都有现场音乐表演；甚至还有一个互动的狗公园和叫作巴卡丽塔度假村（Barkaritaville）的宠物美容水疗中心。随着"纬度：玛格丽塔度假村"的推出和面世，吉米·巴菲特和他的公司让退休社区变得炙手可热，退休度假村成为其他人（或许）从未完成过的壮举。这是因为他们不仅仅是在出售一个养老场所：他们是在出售一种心态。

"我们正在以一种令人兴奋的方式来改变老年人的生活状态。"美国明托社区公司高级副总裁、项目总监威廉·布洛克(William Bullock)说，"人们认为老年人的生活是早睡早起型的，晚上6点就该上床睡觉；她们是等在天堂候车室里的过客。其实这些看法都是不对的，与我们的购买者的实际体验恰恰相反。这些人想要社交、享受生活并通过学习来不断充实自己。她们精力充沛，善于交际，注重健康和养生，喜欢旅游。"

截至本书付印时，已经有超过12万人在网上注册了解"纬度：玛格丽塔度假村"的实时更新信息。这些人并非都是"鹦鹉头"——吉米·巴菲特的铁杆粉丝。事实上，该公司的内部研究表明，数据库中75%的人从未上过巴菲特粉丝们的热门去处——玛格丽塔度假村的网站。这意味着"纬度：玛格丽塔度假村"的市场前景更加广阔。代托纳海滩的社区租赁办公室火爆异常，已经成为一个蔚为壮观的景致。

某地五点

当听说"纬度：玛格丽塔度假村"后，我就有些按捺不住，必须一睹为快。于是，在社区的第一批居民搬进去几周后，我去了代托纳海滩。社区位于当地乡村高尔夫的中心地带。布洛克开车带我沿着女子职业高尔夫球协会（LPGA）大道行驶时，首先映入我眼帘的是一座救生员瞭望塔，它是代托纳海滩的标志，也是社区的入口。我们驶进了一个迷人的社区，周围都是色彩柔淡的房屋，带有海滨别墅的风格，随处都能看到建筑工人。下车时，我听到社区天狼星 XM 广播里播放着海滩男孩 (Beach Boys) 乐队演奏的音乐，为潜在买家烘托了氛围。样板房观摩之旅从街道尽头的茅草屋顶小屋开始。这个社区的感官参与和品牌注入在每个细节上都体现得淋漓尽致。以下是一些实例，展示了该品牌如何让客户体验焕发出生机：

街道名称

- 触发器路；
- 圣某处大道；
- 提基街；
- 微风岛大街。

样板房名称

- 阿鲁巴；
- 比米尼；

- 圣巴特；
- 尼维斯。

设施

- 鳍片！健身中心；
- 巴卡丽塔宠物城；
- 最后的芒果剧院；
- 纬度城市广场；
- 天堂游泳池；
- 某地五点酒吧。

拥有 6900 套住宅、一家杂货店、一个医疗办公室、道路、交通、下水设施、餐馆和零售店的布洛克及其团队，在代托纳海滩项目中，实际上是在打造一个品牌，即玛格丽塔度假村小镇。布洛克意识到了这个挑战。"我们必须全方位满足客户的期望。"他说。为了让"纬度：玛格丽塔度假村"的愿景成为现实，他告诉我，公司聘请了丽思－卡尔顿酒店公司 (Ritz-Carlton Hotel Company) 的一名资深人士加盟，帮助开发客户体验标准和协议。这只是一种新的沟通方式的开始，旨在迎合老一辈人的口味。

重点打包

● 抛掉对 55 岁以上人群的陈旧观念。人活到 65 岁或 70 岁,并不意味着和上一代人一样。人们,尤其是女性,比以往任何时候都更加活跃、善于交际和朝气蓬勃。这也是最有钱的年龄段。

● 针对这一年龄段的产品和服务,尤其是针对女性的产品和服务,在"时尚"和风格上与她们的期望存在差距。

激活思路

● 确定你如何去吸引这群潜在客户。你的营销方法与她们的现实生活搭调吗?你可以通过什么方式来促进这个客户市场的"再创造"和提升她们的消费体验?

● 婴儿潮时期出生的女性,会为给她们提供了良好服务的个人和商家大力推荐。无论你的客户年龄多大,你都要有意识地为她们提供同样高标准的周到服务。

第八章　驱动女性购物模式的大趋势　让消费者喜出望外的路线图

◎ 趋势六：个性化——"我是自己的品牌"

殡仪馆馆长塔莎·帕克（Tasha Parker）曾经有一份相当稳定的工作，她在一家殡仪馆供职。日复一日，她帮助众多家庭安排多年来没有太大变化的仪式：先看棺椁，然后是教堂仪式，最后是墓地葬礼。家属拿到挚爱亲人的骨灰盒后，举行追悼会，然后便开车回家。

这是以往大同小异、司空见惯的做法。

如今，帕克在珠峰殡葬礼仪公司工作。这是北美第一家殡葬礼仪服务公司。"现在的情形大不相同了。"帕克说，"人们已经开始把骨灰变成了搭载火箭的'乘客'；在公园里举行追悼会；用骨灰制作珠宝；向空中释放里面装有骨灰的气球。我们的座右铭是：只要客户的要求合法、可操作，我们就能帮你达成心愿。"

帕克的经历表明，我们正生活在一个个性化的时代，一个向"我是自己的品牌"转变的时代。通常说来，所谓的个性化，都是在技术、电子商务和像奈飞公司（Netflix）提供的服务领域里实现的。然而，人们对个性化的渴望远远不止于此，已经渗透到各种各样的服务之中，甚至包括葬礼。连殡葬公司都实现了个性化服务，这足以生动地说明，任何行业都可以和客户建立起深深的情感链接。

此时你可能会想：等一下，且慢。什么是殡葬礼仪服务？我是不是应该了解一下？

首创殡葬礼仪服务的是珠峰公司：这家总部位于得克萨斯州休斯敦的公司，通过向客户提供独立和个性化服务的殡葬礼仪计划，颠覆了殡葬行业。该公司的服务项目可以在世界上任何一家殡仪馆里应用，而且通常包含在人寿保险保单条款之中：在美国和加拿大，有2500万人通过雇主或个人投保，购买了寿险中的珠峰服务项目。殡葬礼仪服务算得上是人们生活中的第三大支出需求，排名位列购房和买车之后，而珠峰公司恰好瞄准了这一市场空档才有所作为[17]。

"你有6个月的时间来筹备婚礼，但只有6个小时的时间来忙活葬礼，"珠峰创始人兼首席执行官马克·达菲（Mark Duffey）说，"而且安排葬礼的过程是不透明的，也是不好把控的，况且大多数人几乎没有什么经验可言。在信息匮乏的情况下，把所有的决策都放在如此短的时间内去完成，对今天的消费者来说显然是不可接受的。因此，我们创立了一个商业模式，成为客户殡葬服务的独立代办人。我们的客户大多是女性，所以珠峰把服务的重点放在满足她们的需求上面。"正是该公司对女性的关注，才让我第一次走进珠峰，并让该公司成为我们公司的合作客户。

珠峰的服务是这样进行的：首先，殡葬礼仪顾问和客户一起来确定这家人想为失去的至亲做些什么。举办一个传统的葬礼？火葬？还是在一个对死者有特殊意义的地方举行一场特别的活动？做出决定后，珠峰公司将代表客户出面联系殡仪馆，并协商出一个具有竞争力的价格。随后，殡葬礼仪顾问与殡仪馆合作，协调所有服务项目，包括组织个性化的材料，如讣告、幻灯片、视频和程序册。如果客户希望有跳伞和风笛演奏项目，或者想要在一家喜欢的餐厅安排午餐，配上印有纪念字样的餐巾和饮料，顾问也可以代为协调。珠峰公司一个重要的与众不同之处在于，它的保险公司合作伙伴会在两天内而不是通常的一个月内开出支票，来支付全部丧葬费用。这有助于消除客户的后顾之忧，缓解葬礼消费给每个家庭造成的巨大压力。

现在，许多人放弃了传统的葬礼，取而代之的是举办能反映逝者独特兴趣和生命激情的典礼。这是我们生活的这个时代的标志。人们希望能够设计自己的人生经历，无论是活着还是死去。B2B 服务如此，消费市场如此，女性更是如此。我们仍处于个性化趋势的早期阶段。毋庸置疑，这个趋势将呈指数方式增长。你如何能成为其中的弄潮儿呢？

重点打包

● 个性化能促进情感投入。个性化的实现能力可能会让你的行业发生天翻地覆的变化,就像珠峰公司在殡葬服务业中所做的那样。

● 个性化具有极强的消费吸引力,对女性来讲更是如此。这也是她们成为珠峰公司主要客户的原因。

激活思路

● 明确个性化选项在你的产品或服务中应当如何定位,以及将这些选项引入市场需要什么样的资源。

● 提供层级或礼仪服务,对你来讲切实可行吗?

第八章
驱动女性购物模式的大趋势　让消费者喜出望外的路线图

我们已经向你介绍了影响女性购物决策的六大趋势，你应当结合自身的实际，适时制定出能满足你的客户和目标客户需求的具体实用的营销策略来。让我们再来回顾一下这六大趋势：

一、责任加倍，时间减半；

二、小我效应；

三、用视觉讲故事；

四、健康是一种生活方式；

五、"花甲"重新"不惑"；

六、个性化——"我是自己的品牌"。

现在到了你把书中学到的东西融会贯通，制定适合自身业务发展所需策略的时候了。我们将在下一章里把创新之举付诸行动。

第九章

周一行动计划

她生意
如何精准吸引女性顾客

第九章
周一行动计划 让消费者喜出望外的路线图

我们在本书中谈及了很多方面的内容，你也掌握了利用自身个性和优势与消费者建立情感链接、激励她们消费、培养灌输信心、展示感激之情的几十种理念和策略。在阅读本书的过程中，你一定也会萌生自己的想法，收获个人的心得。四驱营销法为你提供的是一个动态的工具，使你通过吸引女性客户来拓展自己的营销业绩。正如你所看到的，其中贯通的许多策略，涉及的内容非常宽泛，同样也适用于男性消费者，因此，本书助力改善的是包罗万象的消费体验，能惠及男女两性所有消费者。

主导品牌、各色商家和销售领军人物的创新实践，瞅准了女性市场蕴藏的机会，从创新技术（如丝芙兰）到革新商业模式（如珠峰公司），再到迎合现代家庭（如美国职业高尔夫球协会），妙招频出，令人目不暇接。

在我们现阶段的文化圈层中，六大趋势为了解女性如何生活和购物提供了背景支撑，有助于你吸引女性消费者。现在的问题是，应该从哪儿开始？那些一直不懈努力的人，今后努力的重点又该放在哪里？

有鉴于此，我向各位隆重推荐以下行动计划，日积跬步，以至千里，让自己今天付出的辛苦，在明天的商场上结出丰硕的果实。无论这些行动计划是你奋进的始发站，还是营销的里程碑，明了自己事业发展到了哪个阶段，知己知彼，就能为事业的腾飞奠定坚实的基础。

◎ 行动一：制定基准和目标

在第一章中，你曾经就自己的业务与女性消费者情感链接的有效性进行了1~10的评级。请把评出的级数作为下一步行动的基准。那么，对你来说，"10"级意味着什么？为了能够做到尽善尽美，你需要采取什么行动？还需花费多长时间的努力？在此基础之上，再把当前客户群从性别上加以划分，划分得出的数字可以作为第二个基准。以此设定明确的目标：在本书四个驱动的框架下，你希望在一年内能看到什么样的客户增长态势？在未来五年呢？这些数字对你们的潜在收入增长意味着什么？

◎ 行动二：更深入地了解现有客户的反馈意见

目前，你从女性消费者那里得到了什么样的反馈意见？这些意见与男性消费者的有什么不同？如果你有可用的数据，那就按照消费者性别对反馈意见加以分析，看能否找到提高客户服务质量的机会。你能否通过对六个宏观趋势中的一个或多个趋势的深入研究，把客户消费体验提升到一个新的高度？如果你在和零售伙伴合作，那就请他们帮助你提供信息，以便更好地了解他们的客户对这些渠道中的消费体验的看法。如果可能的话，和他们联起手来，共同让客户消费体验得到切实改善。

◎ 行动三：好好听听客户在社交媒体上都说些什么

假设你做的是品牌营销，人们自然免不了会在社交媒体上进行议论。尽可能多地利用网络社交工具，来了解女性消费者在网上都是怎么谈论你的产品和服务的。她们对你所在行业的参与度如何？她们热议的品牌是什么？她们如何评价你的竞争对手？她们喜欢什么？有什么困扰？访问相关网站和社交平台，了解女性如何谈论你的生意，利用这些反馈意见来修正并完善你的消费体验策略。

◎ 行动四：多用行之有效的高招

在某种程度上讲，你的营销已经成功地吸引了女性消费者。既然现在你对她们的想法有了新的认识，就可以更好地分析一下：在哪些方面你还可以百尺竿头更进一步？有哪些做法在营销实践中证明是行之有效的灵丹妙药？摸清情况之后，就可以全面复制，发扬光大。如果你的团队成员有成功的经验可循，那就请他们把这些案例记录在案，并和其他员工分享。

◎ 行动五：亲自调查研究

要确保你所掌握的客户意见是最新的，因为消费世界变幻莫测。三年前你可能还一枝独秀，三年后的今天或许就强手如林。消费者的期望也会不断更新。如果在过去的三年里，你的公司没有对女性市场做过调查研究，那么现在就到你们出局的时候了。

如果你是单打独斗，也没关系，仍然有许多操作简单又成本低廉的方法来开展你自己的调查研究。你可以安排时间与你最重要的客户(包括以前的客户)见面，听听她们对业内问题的看法，以及她们最需要什么样的产品和服务。这些交流可能会让你在拓展业务方面闪现出新的思想火花。此外，还有许多低投入的民调方法，挑选一种最适合你的试试看，最终的目的就是透彻了解自己的客户，真正做到知己知彼。

◎ 行动六：对面向客户的营销材料和实体空间做出评估

在这些新见解、新反馈意见的基础上，对自己的门店以及营销材料、标识和网站设计做出评估。在语言(包括代词的使用)和图像上，你的呈现是否具有包容性？照片是最新的还是过时的，或是老套的？如果对这些问题吃不准，那就找一些有代表性的、会开诚布公说出自己看法的女性消费者来，请她们对你目前的营销材料提出意见和建议。从实体空间的角度出发，看看哪些区域最容易改进，哪些区域的投资需要把眼光放得长远一点。如果你只能做一件事情来增强门店对女性的吸引力，那会是什么呢？

◎ 行动七：训练你的团队，注重兼收并蓄

如果你们公司制订了正式的销售培训计划，要确保兼顾到男女

两性消费者的关注点。如果这一计划包容性不够，你们可能会丧失与女性客户群这个重要的市场建立联系、加强沟通的机会，更有甚者，可能还会适得其反，疏远了那些她们试图接近的人。

这里有一个可以立竿见影的做法：成立一个由女性消费者或影响者参加的顾问委员会，征求、倾听她们的意见。

在公司内外，包括合作的代理商和供应商在内，努力建设一支注重多元化、强调平衡性别营销的团队。研究表明，越注重性别平衡的团队，取得的营销成果就越大。全球最大的战略咨询公司麦肯锡公司 (McKinsey and Company) 的业务实践业已证明，性别多样性营销排名前四的公司，其财务收益可能要高出各自国家行业平均值15个百分点[1]。

正如你在本书中所看到的，缺乏女性视角的商业战略是一个盲点。很多对此熟视无睹的公司往往在与女性消费者失联后才幡然悔悟，可惜为时已晚。

◎ 行动八：屡败屡战

本书涉及了数十个观点和理念，这还不包括你在阅读过程中的灵光闪现。有些想法和你的灵光珠联璧合，相得益彰；有的则相去甚远，南辕北辙，无论怎样，都希望能为你指明一个新的思考方向。在这些新见解的启发下，把四驱营销法融会贯通，去营销实践中尝试一下新的概念、新的产品和新的想法，然后再不断重复这个过程。记住，短期策略和短视行为是成功的大敌。如果出师不利，那就换个方法试试，因为想要立竿见影是很难的。我经常能听到高管们抱怨："我们试过一些办法来增加女性客户的数量，但都不管用。"我一眼就能看出来，他们的确做过尝试，但是只试了一次，没有收到空谷传声的效果，他们便再也不愿意去做任何别的努力。

再试一次不好吗？

◎ 行动九：评估行动

运用在"行动一"中创建的基准，可以较容易地对新实施行动的影响做出评估。看一下你的哪些业务领域可以进行基准评估，然后以年度为单位开始评估流程。每年都要在上一年成功的基础上再接再厉，并致力于在整个团队中执行两性兼顾的营销策略。

◎ 行动十：顾及女性消费群的体验是一项长期的战略任务

我们在书中的相会逐渐接近尾声，为了助力你实现长营久销，请允许我再补充一点不同寻常的建议：不要总是关在办公室里搞销售。走出去，哪怕一会儿也好。

许多年前，我曾在一位非常优秀的老板手下工作。他跟我说过的一些话，我永远都不会忘记。一天，他来到我们的办公室，发现我正伏案工作。他皱了皱眉头，说："一看到你坐在办公桌前忙活，我心里就觉得难过。我不想在这里见到你。我想看到一把空椅子，但心里清楚你是在外面跑业务，在和客户交流，在开发新的客户。

在这张桌子后面你是找不到她们的。"[2] 他的话深深地触动了我。我开始意识到，我所认识的营销精英，都是些首先离开办公室、把时间花在老客户及目标客户身上的人。他们去拜访零售合作伙伴和分销商；他们去观摩竞争对手的门市；他们举办了自己的研讨会；他们抽时间参加社交活动、市民活动和各类会议；他们与客户所生活的世界息息相关，密不可分。

谁有时间去做这些？你有，我有，大家都有。从总统到职业运动员，每个人都和我们一样，一天都是 24 个小时。参与外面的活动是与女性保持联系的最佳方式之一，因为她们的购物模式和女性文化一直在变化之中。这里有两个具体的方法，可以帮助你走出去，找到你的客户。

参与女性文化。

花一个上午或下午的时间，去走访那些深受你的女性客户群欢迎的实体零售店。要留意这些门店在语言、视觉效果、商品推销和客户服务方面的运作方式。你从中能吸取到什么经验或教训呢？[3]

钻研业务书籍是不可或缺的（请允许我对你购买本书表达我的谢意），但你的专业阅读不要止步于此。至少每月查看一下畅销书榜单，了解一下女性当下都在看什么书，并把当代女性作者的自传作为必读书目和案头必备。优秀的作者太多了，如果你不知道从哪里开始读起，不妨试试连续 5 周名列《纽约时报》畅销书排行榜榜首的蒂娜·菲（Tina Fey）写的《管家婆》（*Bossypants*）（纽约：小布朗出版公司，2011）。

订阅或者关注知名女性出版物的社交媒体账号。它们不仅会让你了解女性如何与他人沟通，还能为你提供文案写作的经典实例。你会惊讶地发现，在参加会议、乘坐飞机和等待电话会议开始的间隙，自己都能学到许多有关女性文化的知识。

你也可以如法炮制，使用类似的策略跟踪社交网络上有影响力的女性。

最后，把你的注意力转到以女性为主角和情节主线的影视作品上来。当走进女性文化的世界里时，你会惊奇地发现原来自己也可以换位思考，感同身受。

走到生活中去。

当你趴在键盘上敲击时，大胆、奇妙的想法会层出不穷？这种事情的可能性你觉得会很大吗？倒不如先迈开腿出去走走。安排一下，每个星期至少到生活中、到现场上走它一遭。做什么都可以：拜访客户；逛逛零售店；出席会议；对想和你一起喝咖啡的人说"好"；在当地大学的课堂上做一次演讲；看一部新剧。从新人和新奇经历中获得新鲜的刺激，会对你的工作产生积极的影响。你会遇到新的客户；能提高自己的观察力；也可以给机缘巧合一个施展魔法的机会，让你在不经意间见证奇迹[4]。

毋庸置疑，女性消费者的主导地位将长期存在下去。有了书中介绍的四驱营销法的支撑，加之水乳交融的策略和秘笈，你一定可以胜券在握，念好女人的生意经。

鸣　谢

写书之道如春天万物。每本书著述伊始，都像是一粒思想的种子。为了让自己的想法能郁郁葱葱地生长起来，直至成为一本像样的书，作者需要有合适的环境。下列的诸位就是帮助我营造这一环境的人，正是他们的灿烂阳光、涓滴水分和肥沃土壤，才使这本书的面世成为可能。

我无以伦比的丈夫埃里克·奥林德（Erik Orelind），他竭尽全力的付出，成为我每一天的不竭动力；我的母亲罗斯玛丽·布伦南，从我蹒跚学步时起，她就是我人生的榜样；玛丽·艾伦·史密斯；乔·史密斯；克洛伊·史密斯；夏洛蒂·史密斯；凯蒂·布伦南；珍娜·布伦南；卡洛琳·布伦南；帕特丽夏·布伦南；鲍勃·奥林德；格雷格·奥林德；苏西·奥林德；亚历克斯·奥林德；艾玛·奥林德；索菲娅·奥林德；卡杰萨·奥林德；杰克逊·拉米；尼克拉斯·拉米；西尔维亚·德克尔；汤姆·德克尔；安妮·德克尔；亚历山大·德克尔；里克·威尔逊；罗德·基思；杰瑞德·钱普林；格雷格·布里森；凯文·托克米迪斯；莱斯利·拉米雷斯；杰夫·贝利；妮娜·西顿；汤姆·西顿；杰森·巴奇科；丽莎·奥尔德森；海科·多伦温特；安妮·玛丽·卡弗；凯瑟琳·泰斯科；苏珊娜·霍曼；米歇尔·桑切斯；格兰特·戴迪；芭比·西格尔；乔·范思哲；凯伦·法夸尔；柯特·王；若昂·瓦兰达斯；劳雷尔·贝洛斯；马克·帕特里奇；丹尼尔·罗格纳；我们女性因素公司珍视的客户们；世界各地的巡讲客户们；为本书慷慨分享案例的各位高管大咖们；以及哈珀·柯林斯出版集团杰出工作团队的各位：杰西卡·黄、阿曼达·鲍赫、杰夫·詹姆斯、西西里·阿克斯顿、海勒姆·森特诺和布莱恩·汉普顿。

在本书中，大家每阅读完一章，都有机会学以致用，在"激活思路"中一显身手。为了诸位使用方便，现将每章后附的全部练习荟萃于此，以飨读者。

激活思路

她生意
如何精准吸引女性顾客

◎ 第一章

● 从与现代女性消费者联系的有效性角度讲，如果把你的企业按 1~10 个等级来划分的话，最高是 10 级，你想给出几级？把这个定级用作今后努力的起点和标准。

● 在自己和消费者的互动过程中，你是如何看待性别文化差异的？在这些经历中你都学到了什么？

● 按性别给客户信息进行分类。你能通过对这些信息的研究来划分特定的购物模式和偏好吗？

◎ 第二章

● 想想专业营销人士带给你最好的一次购物体验。这位专业人士什么方面做得周到，以至于让你难以忘怀？以这次经历为参照，你可以把哪些经验应用到自己的企业中呢？

● 把你最喜欢的购物场所写下来，电子商务公司和传统商场都可以。你可以借鉴、移植这些商家的哪些好做法到自己的企业中？

◎ 第三章

● 考虑一下你自己的业务和营销风格。哪几个驱动是你的强项？哪几个是你的弱项？

情感联络能力；

激励消费者能力；

赋予消费者以信心的能力；

表达谢意的主动性。

● 设想一下你的消费者正在和朋友交谈。她对朋友讲："你一定得和××（这里指'你'）做生意，因为……"你希望这名消费者能给出什么理由来？抛开价格不谈，你希望她能列举出多少个理由来？

● 从女性消费者的视角来审视一下自己的营销环境，并回答下列问题。当女性消费者进入到你的营业场所时，她们可能会注意到这些问题：

这地方让人觉得亮堂、时髦吗？

这地方干净吗？

进店时能感觉得到自己是受欢迎的吗？

店员让人觉得舒服吗（也就是说，店员彬彬有礼吗）？

有女性员工在这里工作吗？

店内有坐下休息的地方吗？

能满足带孩子进店顾客的需求吗？

店员有意帮助消费者吗？

店员相关知识的储备够不够？可信吗？

真的是物超所值吗？

如果买错东西了，能指望店员欣然退货吗？

还会愿意再来吗？

有推荐朋友到你店里来的强烈愿望吗？

◎ 第四章

- 想象一下，有人觉得自己和你公司的联系如此紧密，她甚至都想把你们的标识印在身上。听我说，这可是头脑风暴！别忘了，已经有人把哈雷戴维森和耐克的品牌标志纹到身上了。你能做些什么让消费者对你如此忠诚、难舍难分呢？把你的想法列出一个清单，选其中一两个最重要的加以落实。

- 目前，你与消费者联系的三种主要方式是什么？你如何能以此为基础，和她们建立更深层次的链接呢？

◎ 第五章

- 动听的客户故事对潜在客户和新客户是一种激励。鉴于此，可以考虑创建一个"快乐客户故事库"。它是你最吸引人的、最鼓舞人心的客户故事的合集。把它们存在一个文件夹中，以便将来和消费者沟通时加以引用。如果你们是团队作战，那在建库项目上也要进行协作。这样就可以共享彼此源源不断的客户故事了。

- 想想你都做过哪些事情，让消费者惊喜地大呼"厉害"？还可以从哪方面努力去创造更多这样的"高光"时刻？比如科勒体验中心的试浴和福尔索姆自行车公司的试骑。你能以现有的服务项目为基础，来个锦上添花吗？

- 当消费者觉得某样东西能改善她们的生活时，她们终将会因受到激励而出手。如果消费者购买了你的产品或服务，她们的生活会变得多么美好呢？

◎ 第六章

- 每次提供的服务都比上一次消费者期待的超出 5%。你怎样才能做到这一点儿呢？

- 重新浏览一下自己的线上业务简介。它是最新的吗？它能让别人对你的能力刮目相看吗？如果你没有这类简介，那就抓紧去网上创建一个。

- 丝芙兰应用技术手段来增强消费者对其公司和产品的信心。在你自己的业务中，有哪些类似活动可以用得到技术？

◎ 第七章

- 在向客户表达感激之情方面，你有哪些创新举措？当然，你不必为此倾家荡产。在我家附近，同一条街上有两家美甲沙龙，其中一家每次为消费者提供两分钟免费肩部按摩服务，另一家却没有。猜猜最终我去了哪家？

- 如果你制订了一份客户忠诚计划，它会是什么样的呢？
- 是什么妨碍了你与客户的定期联系？为了使这种联系更加顺畅，你都能做些什么？

◎ 第八章

- 朱迪使用的许多应用程序都只是提供有帮助的服务，而不是产品。你能为自己销售的产品提供配套服务吗？例如，宜家收购了基于应用程序的跑腿兔网站，帮助客户干跑腿的活，比如组装宜家家具，它们堪称天设地造的一对；美国美妆连锁店提供各种美发和美容服务。那么，你还能提供什么和产品配套的服务项目，让客户感觉更轻松自在？你能利用新技术为消费者提供诸如送货和自动补货的便利吗？

- 时间只是便利的一个方面。列出通过你的营销可以为消费者提供的其他便利。

- 思考一下这种趋势如何能成为你的绩效增长的机会。你的品牌是否有必要主动去迎合年轻或年长一些的消费者？是否有机会为孩子和家长提供"平行"消费机会？

● 宠物是家庭的一部分，也是消费经济中快速增长的构成。琢磨一下你在这方面是否也有大显身手的机会。

● 通过头脑风暴法来创新思路，激励消费者把你、你的产品或你的服务上传到她们的社交媒体上。

● 在我们的文化中，涌现出了一波新的"亮点"，你如何能成为其中的一部分？

● 把当下会对客户产生影响的健康趋势明确一下。在你的业务中，有没有什么潜在的健康和健身属性可以利用？

● 你能用什么方式来证明你的产品或服务"有好处"？尽可能多地写下来。

● 确定你如何去吸引这群潜在客户。你的营销方法与她们的生活现实搭调吗？你可以通过什么方式来促进这个客户市场的"再创造"和提升消费体验？

● 婴儿潮时期出生的女性，会为给她们提供了良好服务的个人和商家大力推荐。无论你的客户年龄多大，你都要有意识地为她们提供同样高标准的周到服务。

● 明确个性化选项在你的产品或服务中应当如何定位，以及将这些选项引入市场需要什么样的资源。

● 提供层级或礼仪服务，对你来讲切实可行吗？

注　释

◎导言

[1] 参见米歇尔·J·西尔弗斯坦（Michael J. Silverstein）和凯特·塞尔（Kate Sayre）《女性经济》(《哈佛商业评论》, 2009/09) 一文援引的波士顿咨询公司进行的全球调查。https://hbr.org/2009/09/the-female-economy；布丽姬特·布伦南《她为什么要买：与世界最有实力客户群打交道的新策略》（纽约：皇冠商业出版社，2011）；美国劳工部雇员福利安全管理局《妇女与职场健康概览》简报（DOL.gov，2013/12）。https://www.dol.gov/sites/default/files/ebsa/about-ebsa/our-activities/resource-center/fact-sheets/women-and-job-based-health.pdf。

[2] 跨文化交际的性别概念，由乔治敦大学语言学家黛伯拉·泰南（Deborah Tannen）首次提出。她有许多关于性别的精彩著述，如《你真的搞不懂：对话中的男女》（威廉·摩洛出版社，1990，2007）。性别文化在市场营销中的应用这一概念，由马蒂·巴勒塔（Marti Barletta）通过《女性营销：如何提高你在全球最大市场中的份额》（迪尔·伯恩贸易出版公司，2006）一书推广开来。

◎第一章

[1] 米歇尔·J·西尔弗斯坦（Michael J. Silverstein）和凯特·塞尔（Kate Sayre）《女性经济》(见导言注释[1])。

[2] 布丽姬特·布伦南《女性比男性购物多的真正原因》(Forbes.com, 2013/03/06)。https://www.forbes.com/sites/bridgetbrennan/2013/03/06/the-real-reason-women-shop-more-than-men/#5dd4274f74b9。

[3] 美国劳工部劳工统计局《2015年度美国志愿者工作》(新闻通稿第USDL-16-0363号, 2016/02/25)。https://www.bls.gov/news.release/volun.nr0.htm。

[4] 美国劳工部雇员福利安全管理局《妇女与职场健康概览》简报(见导言注释[1])。

[5] 布丽姬特·布伦南《她为什么要买》(见导言注释[1])。

[6] 有关这一话题的精彩评论和这一主题的参考研究,见罗斯·海克曼(Rose Hackman)《女性只是擅长此道:情感劳动会是女权主义的下一个前沿吗?》(《卫报》, 2015/11/08)。https://www.theguardian.com/world/2015/nov/08/women-gender-roles-sexism-emotional-labor-feminism。

[7] 美国国家教育统计中心表格318.10。《大专院校按照学位等级和性别授予学位情况:选定年份1869-1870至2026-2027》(美国教育统计年鉴, 2017/03)。https://nces.ed.gov/programs/digest/d16/tables/dt16_318.10.asp。

[8] 国际教育与展会咨询公司(ICEF)《女性在许多世界市场上接受高等教育的比例逐渐超过男性》(2014/10/22)。http://monitor.icef.com/2014/10/women-increasingly-outpacing-mens-higher-education-participation-many-world-markets/。

[9] 杰夫·郭(Jeff Guo)《女人在大学里占支配地位归咎于性别歧视》(《华盛顿邮报》2014/12/11)。https://www.washingtonpost.com/news/storyline/wp/2014/12/11/women-are-dominating-men-at-college-blame-sexism/?utm_term=.69d88c5e4b57。

[10] 美国劳工部妇女事务局《职场母亲简报》(2016/06)。https://www.dol.gov/wb/resources/WB_WorkingMothers_508_FinalJune13.pdf。

[11] 美国劳工部妇女事务局。

[12] 同上。

[13] 美国劳工部妇女事务局。

[14] 蒙特利尔银行财富研究所《女性的财务关切》（2015/03）。https://www.bmo.com/privatebank/pdf /Q1‐2015–Wealth–Institute–Report–Financial–Concerns–of–Women.pdf，第2页。

[15] 见罗伯特·W·费尔利（Robert W. Fairlie）等的《2016创业活动考夫曼指数》（埃温·玛瑞恩·考夫曼基金会，2016/08）。参见 www.kauffman.org/~/media/kauffman_org/microsites/kauffman_index/startup_activity_2016 /kauffman_index_startup_activity_national_trends_2016.pdf。

[16] 美国运通公司《2017年女性自主经营状况报告》。http://about.americanexpress.com/news /docs/2017–State–of–Women–Owned–Businesses–Report.pdf，第3页。女性自主经营指由一名或多名女性所有、运营和控股，占比不少于51%。

[17] 美国劳工部劳工统计局报告第1065号（2017/04）。https://www.bls .gov/opub/reports/womens-databook/2016/home.htm。

[18] 皮尤研究中心《社交媒体简介》（2018/02/05）。http://www.pewinternet.org/fact-sheet/social–media/。

[19] 统计网（Statista）《美国使用色拉布（Snapchat）的青少年比例》（Statista.com，2018/03）。https://www.statista.com/statistics/419388/ us–teen–snapchat–users–gender–reach/。

[20] 桑德琳·戴沃拉德（Sandrine Devillard）等的《2016年女性事务：重塑职场，释放性别多样性的潜力》（美国麦肯锡全球研究所）。https://www.mckinsey.com/~ /media/mckinsey/featured%20insights/women%20matter /reinventing%20the%20workplace%20for%20greater%20 gender%20diversity/women–matter–2016–reinventing–the –workplace–to–unlock–the–potential–of–gender–diversity.ashx，第22页。

[21] 桑德琳·戴沃拉德等的《女性事务》。

[22] 全球非营利组织催化剂（Catalyst）《标准普尔500指数中的女性首席执行官》（2018/10/05）。https://www.catalyst.org/knowledge/women–ceos–sp–500。

[23] 瓦伦蒂娜·扎亚（Valentina Zarya）《2017年女性创业者获得了2%的风险投资》（《财富》，2018/01/31）。http://fortune.com/2018/01/31/female-founders-venture-capital-2017/。

◎ 第二章

[1] 埃森哲公司《由于消费者要求更多的人际互动，美国公司客户流失》（2016/03/23）。https://newsroom.accenture.com/news/us-companies-losing-customers-as-consumers-demand-more-human-interaction-accenture-strategy-study-finds.htm。

◎ 第三章

[1] 布丽姬特·布伦南《她为什么要买》第259页（见导言注释[1]）。

[2] 利兹·汉普顿（Liz Hampton）《女性占美国国家橄榄球联盟的半壁江山，但仍不嫌多》（路透社，2017/02/04）。https://www.reuters.com/article/us-nfl-superbowl-women/women-comprise-nearly-half-of-nfl-audience-but-more-wantedidUSKBN15J0UY。

[3] 明尼苏达海盗队工作人员与本书作者一席谈。没有具体日期。

[4] 明尼苏达海盗队《海盗队和明尼苏达体育设施管理局将在美国银行体育场开设母婴哺乳室》（新闻通稿，2018/08/23）。https://www.vikings.com/news/vikings-and-mfsa-to-open-new-mother-s-room-at-u-s-bank-stadium。

[5] 史蒂文·贝尔托尼（Steven Bertoni）《众创空间（WeWork）在新一轮融资中估值达到200亿美元》（Forbes.com，2017/07/10）。https://www.forbes.com/sites/stevenbertoni/2017/07/10/wework-hits-20-billion-valuation-in-new-funding-round/。

[6] 米歇尔·布朗（Michael Brown）、安德烈斯·门多萨-佩纳（Andres Mendoza-Pena）、麦克·莫里亚蒂（Mike Moriarty）《坚实的基础：实体店是全渠道零售的根基》（科尔尼咨询公司，2014）。https://www.atkearney.com/documents/

20152/924670/On+Solid+Ground. pdf/1958eca8–df9f–da6e–a02d–82f2039bbd63。

[7] 埃德·哈蒙德（Ed Hammond）、诺亚·布哈亚（Noah Buhayar）《巴菲特的伯克希尔哈撒韦公司收购领航旅行中心》（Bloomberg.com，2017/10/03）。https://www.bloomberg.com/news/articles /2017‐10‐03/buffett‐s‐berkshire‐hathaway‐acquires –stake‐in‐pilot‐flying‐j。

◎ 第四章

[1] 美国劳工部《妇女与职场健康概览》（见导言注释 [1]）。

[2] 布丽姬特·布伦南《您想要坐在那张沙发上用点香槟吗？五金商场在体验式零售上下大赌注》（Forbes.com，2015/11/13）。https://www.forbes.com /sites/bridgetbrennan/2015/11/13/would‐you‐like‐champagne –with‐that‐sofa‐restoration‐hardware‐bets‐big‐on‐experiential –retail/#479af4bb1c60。

[3] 布丽姬特·布伦南《她为什么要买》第 260 页（见导言注释 [1]）。

[4] 电影《风月俏佳人》（1990），导演加里·马歇尔（Garry Marshall）；试金石电影公司、银屏合作伙伴四、摄政国际影片公司联合摄制。

◎ 第五章

[1] 布丽姬特·布伦南《她为什么要买》第 238 页（见导言注释 [1]）。

[2] 布丽姬特·布伦南《零售商在千禧一代女性争夺战中胜出》（Forbes.com，2012/11/16）。https://www.forbes.com/sites/bridgetbrennan/2012/11/16 /the‐retailer‐winning‐the‐battle‐for‐millennial‐women /#35d780076ea9。

[3] 布丽姬特·布伦南《我们现在都是千禧一代》（Forbes.com，2014/10/16）。https://www.forbes.com /sites/bridgetbrennan/2014/10/16/were‐all‐millennials‐now /#288c42e13241。

[4] 布丽姬特·布伦南《我们现在都是千禧一代》。

[5] 见布丽姬特·布伦南《对千禧一代女性营销的三种策略》（Forbes.com，2013/11/12）。https://www.forbes.com/sites/bridgetbrennan/2013/11/12/three-strategies-for-marketing-to-millennial-women/。

[6] 布丽姬特·布伦南《对女性营销时要避免这些视觉上的错误》（Forbes.com，2015/10/07）。https://www.forbes.com/sites/bridgetbrennan/2015/10/07/avoid-these-visual-mistakes-when-marketing-to-women/#4fff64cb5e50。

[7] 这部美国情景喜剧以一个好客的酒吧为背景，拍摄于1982—1993年。

◎ 第六章

[1] 劳拉·M·霍尔森（Laura M. Holson）《丝芙兰是如何在零售危机中蓬勃发展的》（《纽约时报》，2017/05/11）。https://www.nytimes.com/2017/05/11/fashion/sephora-beauty-retail-technology.html。

[2] 布丽姬特·布伦南《她为什么要买》第245页（见导言注释[1]）。

[3] 弗兰克·V·塞斯佩德斯（Frank V. Cespedes）、贾里德·汉密尔顿（Jared Hamilton）《卖给那些在网上做功课的客户》（《哈佛商业周刊》，2016/03/16）。https://hbr.org/2016/03/selling-to-customers-who-do-their-homework-online。

◎ 第七章

[1] "好事达公司概况"（好事达保险公司，2018/09/23上网查询结果）。https://www.allstate.com/about.aspx。

[2] 数据由蒙特拿破仑区提供。

[3] 布丽姬特·布伦南《如何提供终极的意大利风格奢侈品零售体验》（Forbes.com，2016/07/12）。https://www.forbes.com/sites/bridgetbrennan/2016/07/12/how-to-deliver-the-ultimate-in-luxury-retail-experiences-italian-style/#868b1946a894。

注 释

◎ 第八章

[1] 露丝·施瓦茨·科万（Ruth Schwartz Cowan）《给母亲们更多的就业机会》（纽约：基础读物出版社，1983，第18页）。

[2] 布丽姬特·布伦南《女性劳动力的增长以及零售商的应对》（Forbes.com，2017/02/28）。https://www.forbes.com/sites/bridgetbrennan/2017/02 /28/the-growth-of-women-in-the-workforce-and-how –retailers-can-respond/#266f53524b1d。

[3] 布丽姬特·布伦南《为什么现在的父母和孩子沉迷于同样的品牌》（Forbes.com，2012/03/12）。https://www.forbes.com/sites/bridgetbrennan/2012/03/12 /why-kids-and-parents-now-aspire-to-the-same-brands /#77b30eb92bd6。

[4] 布丽姬特·布伦南《我们现在都是千禧一代》（见第五章注释[4]）。

[5] 选自布丽姬特·布伦南专访《并行程序吸引新的玩家》（《美国职业高尔夫球协会会刊》和美国职业高尔夫球协会新手系列播客，2016/08）。本书使用业已征得美国职业高尔夫球协会的同意。

[6] 罗南·J·奥谢（Ronan J. O'Shea）《豪华酒店提供"照片墙管家"，帮助客人拍出最好的照片》（《独立报》，2017/10/18）。https://www.independent.co.uk/travel/news-and-advice /instagram-butlers-photos-hotel-maldives-resort-conrad –hilton-best-guide-a8006656.html。

[7] 可查咕咕古鲁网站（Gugu Guru）。https://guguguru.com /dominos_registry。

[8] 布丽姬特·布伦南《一图顶千赞：如何在零售领域创造吸引顾客的体验》（Forbes.com，2016/04/07）。https://www.forbes.com/sites /bridgetbrennan/2016/04/07/a-picture-is-worth-1000 –likes-how-to-create-an-engaging-customer-experience-at –retail/#306554ff431d。

[9] 布丽姬特·布伦南《从农场到标签：健康营销趋势远远超出了食品》（Forbes.com，2014/11/12）。https://www.forbes.com/sites /bridgetbrennan/2014/11/12/from-farm-to-label-the-wellness –trend-in-marketing-goes-far-beyond-food/#754ae02f2f56。

[10] 美国劳工部《妇女与职场健康概览》（见导言注释 [1]）。

[11] 布丽姬特·布伦南《对女性营销？年龄其实只是一个数字》（Forbes.com，2016/06/14）。https:// www.forbes.com/sites/bridgetbrennan/2016/06/14/marketing-to-women-age-is-really-just-a-number/#1387b6a978d9。

[12] 美国退休人员协会、牛津经济研究院《长寿经济：美国 50 岁以上的人如何体现经济和社会价值》（AARP.org，2016/09）。https://www .aarp.org/content/dam/aarp/home-and-family/personal -technology/2016/09/2016-Longevity-Economy-AARP.pdf。

[13] 希拉·戴利·米勒（Shelagh Daly Miller）《50 岁以上的人如今主导着所有的消费支出》(《广告时代报》，2015/11/18），基于美国消费者支出的调查数据。http://adage.com/article/aarp-media-sales/adults-50- dominate-consumer-spending/301391/。

[14] 美国退休人员协会、牛津经济研究院《长寿经济》。

[15] 同 [11]。

[16] 费尔利等的《2016 创业活动考夫曼指数》，图 5A《新企业家构成的年龄变化》（见第一章注释 [15]）。根据作者的统计，24.3% 的新企业家的年龄在 55～64 岁之间；20～34 岁之间的企业家占 25%。

[17] 桑德拉·B·埃斯金（Sandra B. Eskin）《葬礼和埋葬事宜的预先安排：州法令摘要》（美国退休人员协会公共政策研究所，1999）。https://assets.aarp.org/rgcenter/consume/d17093 _preneed.pdf。

◎第九章

[1] 薇薇安·亨特（Vivian Hunt）、丹尼斯·雷顿（Dennis Layton）、萨拉·普林斯（Sara Prince）《多元化为何至关重要》（麦肯锡公司网站，2015/01）。https:// www.mckinsey.com/business-functions/organization /our-insights/why-diversity-matters。

注　释

[2] 布丽姬特·布伦南《对女性做营销？创造性灵感比你想象的更近》(Forbes.com, 2017/04/28)。https://www.forbes.com/sites/bridgetbrennan/2017/04/28/marketing-to-women-creative-inspiration-is-closer-than-you-think/#77ca93333622。

[3] 同上。

[4] 同上。